JN042992

投資信託業界歴30年の父親が
娘とその夫に伝える

資産形成の本音の話

今福啓之

星海社

290

SEIKAISHA SHINSHO

・本書の情報は2024年3月時点の情報であり、今後変更される可能性があります。
・本書の情報は著者個人の見解であり、著者が所属する企業の見解ではありません。
・本書の情報はあくまでも情報提供を目的としたものであり、特定の商品についての投資の勧誘や売買の推奨を目的としたものではありません。
・本書の情報の利用によって何らかの損害を被ったとしても、著者および出版社は理由のいかんを問わず、責任を負いません。投資にかかる最終決定は、ご自身の判断でなさるようお願いいたします。

はじめに

この本は投資信託の運用会社に勤める57歳の私が、29歳と26歳の2人の娘とそれぞれの夫に伝えたいと思う資産運用の考え方と知識について、まとめたものです。同世代やより若い方にはベストフィットと思いますが、資産運用の考え方や知識の多くに年齢は関係ありませんから、40代や60代の方にも役立つものになっていると自負しています。

私が27歳の時に長女、30歳の時に次女が生まれました。幼い時は「天使か?」と思いました(半分勘違いでした)が、成長していく過程においても、その時々でその年齢ならではの幸せな時間を彼女たちから受け取り、仲良く一緒に歳を重ねました。

同僚からはずっと、「そんなに可愛がっている娘さんが結婚するなんてなったら大変でしょう。相手の男に『殴らせろ』とか言うんじゃない？」とからかわれていましたが、残念ながらそんな面白いシーンはないまま、彼女たちは巣立っていきました。

実際のところ、私が願うのは「夫と一緒にとにかく幸せな人生を」だけです。幸い長女の夫も次女の夫もとても優しく（しかも料理上手で）、しっかりした素晴らしい男性（に今のところ見えています）です。


でもまだ娘と夫たちは、目の前の仕事とそこから得られる収入をどう将来設計に結び付けていくかという大きな考えや、具体的な方法論までは持てていないように見えます。

多くの方も同じではないでしょうか。

NISAのおかげもあって、資産運用や投資信託の認知度は格段に上がりましたが、もしかすると、勇気を出してNISAを始めたら魔法のようなことが起きるといったイメージだけの方もいるのではないでしょうか。

「NISAのお得な使い方！」や「お薦めはこのファンド！」という動画は世にあふれ、販売会社はポイント還元やキャッシュバックなどで盛り上げますが、「何がなんだかわからないから、やっぱりいいや」となったり、「人気ファンドを買っておけば間違いないよね？」

などと、いまひとつ自信がないという方も多いのではないでしょうか。

焦って簡単に始めないことが大事です。

ＮＩＳＡは無期限の制度なのですから、いつ始めてもいつまで持っててもいいのです。そもそも、ＮＩＳＡは最後の最後に売った時に、利益分にかかる約2割の税金が免除されるという「だけ」の話です。それ以上でもそれ以下でもありません。

それに、投資信託はほぼ間違いなく一度は元本割れする金融商品です。あとから見た大底で買った「奇跡の人」以外は皆、明日か1年後かはわかりませんが、一度は買値を下回る「含み損」を経験します。

そんな損するものをなぜ買うのか――。そこに自分なりの確固たる考えと納得が必須です。キャンペーンやYouTuberはそこまでは教えてくれません。

始める時には是非、この本を読み通すくらいの我慢と努力をしてもらうといいと思います。

語り口は本当に娘に語るように柔らかくしましたが、後半は結構骨のある内容になっています。しかし、断片的で表層的な情報ではなく、包括的で体系的な知識を一度入れてみた上で、(この本に対しても)それが正しいかどうかについての批判的な考えまでを持てるようになることをめざしてもらいたいと考えました。

私には昨年80歳を迎えた母がいて、父が亡くなったあと1人で暮らしているのですが、信じられないほどに若々しく、「やりたいことがありすぎて時間が足りない」と言って飛び回っています。

父が膨大な資産を築いていたとは聞いていませんが(少なくとも私はもらっていません)、母が第二か第三かの人生を謳歌するだけのものを遺したのでしょう。そして、決してお金持ちの家の子ではなかった私ですから、母も早くからしっかりとお金の将来設計をしていたのでしょう。

私の話には、きっと暑苦しくて説教じみたところがあるはずです。

でも娘と夫と皆さんに、私の母のように幸せな人生100年を楽しみ尽くしてもらうために、自分自身で納得ずくでお金と人生の全体設計をしてもらいたいという思いで伝えていきます。

どうぞお付き合いのほど。

今福啓之

目次

15 ずっと使える株式の知識（後編）　127

16 企業を応援？　いやいや、そうではなく……　135

1　最初に結論、言っておく

では少し照れるが早速始めますか。投資信託（投信）の仕事で約30年の僕が、父親の最後のアドバイスとして結婚した娘とその夫2人にこんな話ができるのは、まぁありがたいことだよね。

「以上、終わり！」な本質は？

最初に結論を言っておく。それは運用を始めるだけで何かすごいことが起こるという期待は違うよ、ということ。

最近ＮＩＳＡ（少額投資非課税制度）だ資産運用だと盛り上がっていて、30年この業界にいる僕からするとありがたくはあるんだけど、大事なことはただひとつで、単に「**毎月どれだけ大きな金額を天引きできるか**」に尽きるんだよね。

つまり、別に運用じゃなく天引きの積立定期預金でいいわけ。

「天引き」とは、給料が振り込まれたらすぐ自動的に引き落として別のところに移動すること。今は「積み立て」と言った方がわかるかな。

もし君たち2人の家計で毎月10万円の天引きを20年続けられたなら、まぁお金のことで不幸になることはないと思う。

だって1人5万円、2人で10万円の天引きってことは、12ヵ月で年120万円だよね。2人ともボーナスはあるから年15万円ずつ出し合って2人でプラス年30万円を加えたとしたら1年で150万円の貯蓄ってことだよね。それを20年ずっと続けたら?

150万円×20年＝3000万円でしょ。

今から20年後ってことはまだ40代半ば。**40代半ばの君たちが3000万円持ってたらどうよ?**

もし、1人10万円ずつの2人で20万円できるとしたら、年240万円だよね。

そこにボーナスで30万円ずつ2人でプラス60万円オンできたら年300万円だよね。

その20年ってことは**6000万円ですよ**。**40代半ばで6000万円**。スッゴイよね。

「**以上、終わり!**」なの。本質的には。

何だか「投資しなきゃ」って焦ったり、すごい勉強が必要だと思ったり、投資すれば何かすごいことが起こるような気がしているかもしれないけど、違うんだよね。

特に最近は、テレビのワイドショーなんかでもＮＩＳＡの話をするようになったよね。僕は１９９０年に証券会社で社会人をスタートして、２０００年から運用業界に転じたのでもう30年以上この業界にいるわけだけど、こんなに投資が一般的に語られるようになったのは初めてじゃないかな。

ほんの少し前までは、投資信託であっても、それはお金を持ったシニアの人たちが余裕資金で買う金融商品という感じだった。あるいは、個別株の売買を好きな人が趣味としてやる特殊な世界という感じだった。投信積立なんてメジャーじゃなかった。それを思うと隔世の感があるな。

テレビでＮＩＳＡの話をやり、YouTubeにもたくさんのキャッチーな動画があって、君たちのような若い人が前向きに投資を考えようとし始めてるんだから。

でも、まず言っておきたいのはこれ。

投資はマストじゃないし、NISAを始めるだけで物事は解決しない。

今、「100円から投資できる！」とか「まずはポイントで投資の勉強！」とか「ワンタップで株式が買える！」みたいな話が盛んだけど、それらの情報は今言った本質がわかってないなら全部無意味だと思う。

投資するかしないかとか、何の投資信託をいつ買うかなどではなく、**「毎月どれだけの天引きをするか」**が一番大事。

違う言葉を使うなら、「自分たちはどれだけのお金を、今使うことを我慢して将来のために取っておけるか」——。

業界は「100円からでも投資信託を！」と宣伝するし、国はNISAだiDeCo（個人型確定拠出年金）だと君たちの背中を押そうとしてくれるけど、毎月100円ではいくらスゴイ運用をしたって君たちの人生の助けになる金額にはなり得ない。

でも毎月の天引きの金額が大きければ、別に投資をしなくたって君たちの将来は明るくなる。さっき言ったみたいにね。

投資はマストじゃない。**運用商品の選択や投資の勉強よりも、毎月の金額こそがカギを握る**——これが本質。

その理解がない投資の勉強では、ほぼ間違いなく趣味の「マネー遊び」になっちゃう。株式市場がいい時は楽しくて有頂天になって、毎日アカウントの残高を見たり、ツイートしてみたり、売り買いしてみたくなったりするんだけど、そんな幸福な時期って実はあんまりないから、基本的にはストレスばかりでいい趣味にはならない。

ぜひ手取りの25%、共働きなら35%を

僕が君たち2人の父親として、本気で君たちの人生を思って言いたいのは、「投資はまずは勉強から」などとズルズル時間が経っちゃうくらいなら、今すぐ銀行のアプリを開いて、**給料日の翌日にでも引き落とされる定期預金の天引きをギリMAXでセットしなさい！** なんだよね。

給料が振り込まれてすぐ、そこそこ大きい金額が自動的に違う場所に移され、残った普通預金の残高でやり繰りする仕組みをいち早く構築するってこと。

毎月1人いくらの天引きをするかは、もちろん僕が決めるべきことじゃない。でも本多《ほんだ》静六《せいろく》っていう人の「月給4分の1天引き法」っていう昔の有名な考え方は、今でも参考になる気がするな。

税金や社会保険料が引かれた後の、毎月普通預金に振り込まれるお金の25％（4分の1）を最初から無いものとして生活をしていくってことだよね。手取りが月20万円なら5万円。ただ、僕ら夫婦と違って2人は共働きであることを考えると、もしかすると**25％じゃなく30％や35％でもいい気がする。**

さっきはざっくりと1人5万円と1人10万円の計算で話したけど、手取り20万円として具体的にこの比率を当てはめてみようか。

手取り20万円の30％なら1人月6万円＝2人で12万円だね。頑張って35％なら7万円＝2人で14万円ってことだ。

この「月給30％天引き法」にボーナスで1人当たり年15万円プラス、っていうのを2人で実践するなら、この絵のように20年後には3480万円ってことだ。

「35％天引き法」なら、2人で毎月14万円の12ヵ月とボーナス2人分30万円の20年で3960万円だ。

それぞれ手取り20万円/月の30％を貯めるとすると…
20万円×30％ ＝6万円
20万円×30％ ＝6万円
＋
＝毎月12万円貯まって、
ボーナスからも…
12万円×12ヵ月＋15万円×2人分＝毎年174万円貯まって、
スゴイ。
20年間続けると、
174万円×20年間＝20年後には3,480万円貯まっている！
ちなみに毎月35％にすると、20年後には3,960万円に。

何も難しい計算でなくて、ただ計算機で掛け算しただけ。

つまり投資のシミュレーションではなく、利息をゼロと仮定した計算なんだけど、逆に確実に3480万円と3960万円になっている、ともいえるよね。

20年後の40代半ばでそんなお金を持っている2人なら、色んな人生の選択肢を選び取れるんじゃないだろうか。

家を買う原資にしてもいいし、使わずに20年以降もどんどん積み上げながら、お金から精神的に自由な生き方をする、なんてのも最高だ。


そういえば、僕の仕事である投資信託についてはどれくらい知ってるんだっけ。

「投信」とか「ファンド」とも呼ばれるけど、簡単に言えば、多くの人のお金を1つのプールに集めて、それぞれに定められた方針のもと投信会社の担当者（ファンドマネージャー）が株式市場などで運用する金融商品が投資信託ね。

実は「ファンド」って、「お金のかたまり」程度の曖昧な言葉で、SNSなんかでは日本の法律で規制されていない心許ないものから明らかに詐欺的なものまで、色んな「ファンド」の広告を見るから気をつけてほしい。実際、時々そういう詐欺的な商品に騙された人のニュースも見るでしょ。ホントに危ないし、腹が立つ。

「ファンド」という広い概念の中で、信頼に足るものが「投資信託」だと思っていい。たくさんの法律と監督官庁から（いい意味で）がんじがらめに縛られたガラス張りの金融商品だ。簡単な判別方法は、販売の資格を与えられている銀行や証券会社などの金融機関が販売を担っているかどうか。

僕は10年間、販売側の証券会社に勤めた後、2000年から投資信託の会社に転職して以来、ずっとマーケティングの仕事をしている。君たちにはたくさん話したいことがあるんだ。長くなるかもしれないけど、付き合ってほしい。

2 夫婦2人で「本気の積立」をオープンに

「本気の積立」を夫婦同額でオープンに

さっき話したポイントは、預金か運用かとか、何を買ったらいいのか？　などの方法論よりも、天引き、積立の「元本」の大きさこそが大事なんだってことだったよね。

生活の無駄や見栄を削ぎ落とすことで手取りの25％以上、できれば30％や35％の積立をやったらいいよって、ちょっと踏み込んだ話をした。

ウチの会社はそれを「**本気の積立**」って言葉でもう10年以上ずっと標榜してるの。

今では投資信託の積立も１０００円とか１００円からやれるんだけど、そんなんじゃ意味ないよ！　ってあちこちで言い回ってて、「御社って自由ですねー」って同業から苦笑いされてる。

もうひとつ踏み込んで言いたいのは、それをぜひ2人でオープンに、平等にやったらどうだろうという話。

2人の稼ぎはそれぞれ違うんだろうけど、日々の生活費の拠出の分担の方でメリハリつけるなりして、**「将来の2人のためのお金」については平等に、つまり同額で、かつオープンにして2人で楽しみながら作っていく、**っていう考え方。

ウチはご存じの通り僕だけが働く家庭だったから、アドバイスする資格はないかもしれない。でも日本にはまだダブルインカムの家計に対するアドバイスが確立してないんだよね。

それでも最近よく耳にするマズイ例とは、お互いで取り決めた生活費の拠出をしたあと、互いのお財布に関与してない例。

それぞれ「相手は貯金してるだろう」と思っていたがそうではなかった——っていうケースみたい。

2人合わせれば年収1000万円とか1200万円とかの「パワーカップル」っていうらしい、豊かな生活をしてる30代後半とか40歳くらいの人たちが、いざフタを開けてみたらほとんど貯蓄がなかったとか、片方しか頑張ってなくてそれが原因で不仲になっちゃうとかね。

「今」のためのお金の分担と「将来」のための平等な取り組み

それではダメだと思う。**最初が肝心。**「初期設定」が大事だと思う。せっかく僕の話を2人で聞こうとしてくれたわけなので、「2人平等にオープンに」を「本気の積立」の次のキーコンセプトとして実践してほしい。

既に「毎月の2人の生活のため」の拠出を分担していると思うけど、それとは別に「将来の2人の生活のため」の拠出を新規設計するっていう話だね。**2人でオープンに話し合い、無理のないギリの「本気の積立」を、できれば同額で設定したらいいと思う。**

「今」と「将来」の2つの切り口からオープンに共有し、それを紙のノートでもPCでもいいから記録していったらいいんじゃないだろうか。

そして年末に一度、ノートを2人で一緒にチェックして進捗確認をしたらいいと思う。

このあと話すけど、投信で積立をしていると必ずいい時期と悪い時期があるから、年末に2人でそれを見ながら、喜んだり青くなったりするのも「年末行事」として面白いじゃない。

もちろん青くなるのはないに越したことないけどさ。

2人の将来のためなら口座名義は？

もっと踏み込んで具体的なことを言うね。

この「作戦」を投信で始めるには投信を買うための「証券口座」というのを開設する必要があります。証券会社でも銀行でも同じ。

その時、「2人の将来のためなら共同名義みたいなのにするのかな？」と思ったかもしれないけど、そんなことはないの。

別々に口座を作って別々にやってればOK。

それぞれが、できれば同額で平等に積立をしていることを互いにオープンにしてさえいれば、それぞれ自分の名義でやっていればいい。そもそも自分のお給料だからね。

まだ証券口座を持っていないなら、**まずは口座だけを作ることからだね。**同じ金融機関にした方が、アプリやウェブサイトの見方とかで相談しやすいからいいんじゃないかな。

ただ、ポイント還元が多いとか少ないとか、口座開設で何かもらえるとか、そういうことで決めないことが大事。

提携のクレジットカードから投信積立の引き落としをするとポイントが付く、みたいな話も最近盛んだけど、僕はちょっと違和感。

そのためにカードを増やしたり、銀行口座を変えたりするのが面倒だっていう僕の無精な性格のせいもあるけど、そういう「ポイ活」と自分の人生設計そのものである投信の積立が、何となくミスマッチな気がするっていうのもある。

企業は口座獲得のプロモーションで色んな手を打ってくるけど、それはあくまで「オマケ」だと考えるクールなスタンスをお勧めするかな。

君たちは10年20年の大プロジェクトをしようとしてるんだから、目先の**コスパ話に釣られるのでなく「20年は絶対潰れないだろう」というところで口座を作ること**が大事。**投信って購入した金融機関が潰れても投信のお金自体には一銭も被害が及ばない仕組みな**ので、本当はどこでも大丈夫なんだけどね。

とはいえ潰れたり、サービスをやめちゃって口座を移管しなきゃならなくなったり、何回も名前が変わられたりしたら面倒くさいからね。ホント。

ちなみに口座を作る時には、同時に何かのファンドを買わなくてもいいし、同時に現金を入れる必要もないから安心して。

とにかく口座だけはすぐに作るアクションをすると。それが大事。

この世界、とにかくアクションをすること。**そうしないと何も始まらないから。**

NISA?——別に大した話じゃありません

ところで、「NISA」というのは聞いたことあると思うけど、それは証券口座を開いたあとに出てくる話で、簡単に言えば証券口座の中が2つに分かれているの。

だから口座作る時には気にしないでいい。**「NISAも使うつもりです」とチェックボックスに印を入れて、マイナンバーの写しとかの必要な書類を添えておけばいい。**

実際に何かファンドを買う時になると、証券口座の中の「NISA」の口座の方で買うか、そうでない口座、「特定口座」っていうんだけど、その中で買うかを選ぶわけ。

そうそう、ちょっと気が早いけど**「特定口座・源泉徴収あり」が良し**——と覚えておいて。

ネットでは申告不要な年間20万円以下の利益にも源泉徴収されちゃうのが損だとか何だとかいう議論があるんだけど、そもそも20万円以下の利益確定を毎年チビチビやったり、年単位の損をわざわざ出して利益と相殺したりとかっていうことに頭と時間を使ってほしくない。

税金を払う、つまり売却するのはずっとずっとずっと先。

その時に**利益への税金を取りませんよ、って国が言ってくれてるＮＩＳＡ口座なら非課税**だし、そうじゃない口座の方は**金融機関に最初から税金分を引いてもらってそれで終了！ っていう源泉徴収にしとけばシンプル、**以上。

ということで「特定口座・源泉徴収あり」で口座開設しとけば良し。

そしてＮＩＳＡについては、１００万円分買って１５０万円になって売りました、となった時に普通は50万円の利益の約20％の約10万円が税金として引かれちゃうのが、**ＮＩＳＡ口座**で買っていればそれがかからない。

こう言っちゃ何だけど、ただそれだけなの。

もちろんありがたい制度だから使うべきなんだけど、でも最後の最後の利益の2割の話でしかないわけ。詳しくはまた商品の選び方と一緒に説明するね。

3 預金でもいいけど、僕の20年は参考になるはず（前編）

投資はマストじゃないけど、誰しも欲はあるからね

最初に「ズルズルしちゃうくらいなら銀行の積立預金でいいからすぐに本気の天引きを！」という話をしたけど、「**やっぱりどうせやるなら投信でやるべきだろうね**」という話をしようと思う。

それは決して僕が投信業界の人間だからではなく、**僕自身が33歳から投信積立を20年以上やってきたという実体験**からも、もっと長い客観データから紐解いても、それが今後の2人にとって賢明なアドバイスになると強く思うから。つまり、**時間が長ければ長いほど預金ではなく投信でリスクを取った積立をすべき**だと思ってるから。

親子で綺麗なことを言っても仕方ないのでハッキリ言うけど、これって**実は「欲」の話**

なんだよね。**あるいは「夢」の話。**

前に計算したように、手取りの30%とか35%の天引きをきちんと頑張りさえすれば、20年後には立派なお金を手にしているわけじゃない。

あの時の3480万円とか3960万円というお金がですよ、**もし2倍とか3倍とか4倍の金額になってたら最高だよね！　っていう、「欲」や「夢」の話が投信積立**なのよ。

そう、欲を出して皮算用するって話なの。

つまり、あくまでも毎月30%とか35%の**お金を拠出し続ける努力の方がメイン**であって、**それを運用の力を借りてブーストしてみないか？**　っていう**話**なわけ。

主従を間違えちゃいけない。

実は運用って、しょせんは「運」の話

運が良ければ本当に2倍とか3倍にもなるだろうと思う。

「運」なんて言うと「え〜？」と思うかもしれないけど、実際そうなんだよ。

君たちのこれからの投資期間が果たしてどういう経済環境、投資環境になるのかという運に、完全に左右されちゃう。

これはいくら勉強しても事前にはわからないし、どんなに過去好調だったファンドも、どんなにコストが安いファンドも、**その運には逆らえない。**

逆に、運に恵まれた投資期間に積立をやっていたなら、どの資産、つまり米国株とか世界株とか、あるいはREITとかも、すっごく大雑把に言えばまぁ大体同じような方向で、大体同じように「最高な結果」に満足することになると思うし、運に恵まれなかったら大体全部つらいことになる。

ガッカリさせるような言い方で悪いけど、そういうことなの。

商品選択とか知識とかよりも、運に大きく左右される。

ただ、**君たちのように15年とか20年で取り組める人なら、いい時と悪い時とを数回経験しながらも最終的には大笑いする結果を、相当に高い確率で得ているだろうと思う。**

「最高の運」に恵まれるかどうかはわからないけど、少なくとも「預金じゃなく投信でやっててよかった〜。あの時お父さんに相談してよかった〜」となるだろうという確信があるからこそ、大事な娘と夫にこういう話をしている。

父の20年。見せとこ！

概念はもういいよね。そろそろ具体的なのを見せましょう。

僕の33歳からの24年。はいコレ。

これは僕が33歳、今の会社の前の運用会社に初めての転職をして以降の僕のお金の歴史。

入社直後に初めて投信積立をスタートした、その推移を示してる。**月5万円の積立がどういう推移を経て今に至っているか**を示してるリアルなグラフ。

ちなみに月5万円でスタートしたのはホントなんだけど、後から金額を増やしてます。

全部正直に見せると僕が今いくら持ってるかバレて変な期待をされても嫌なので、ずっと5万円だったということで話をしていくね。

さて、転職した先が日本株ファンドが強い運用会

積立月額	50,000円

評価額	積立元本	リターン
3,399万円	1,440万円	136%

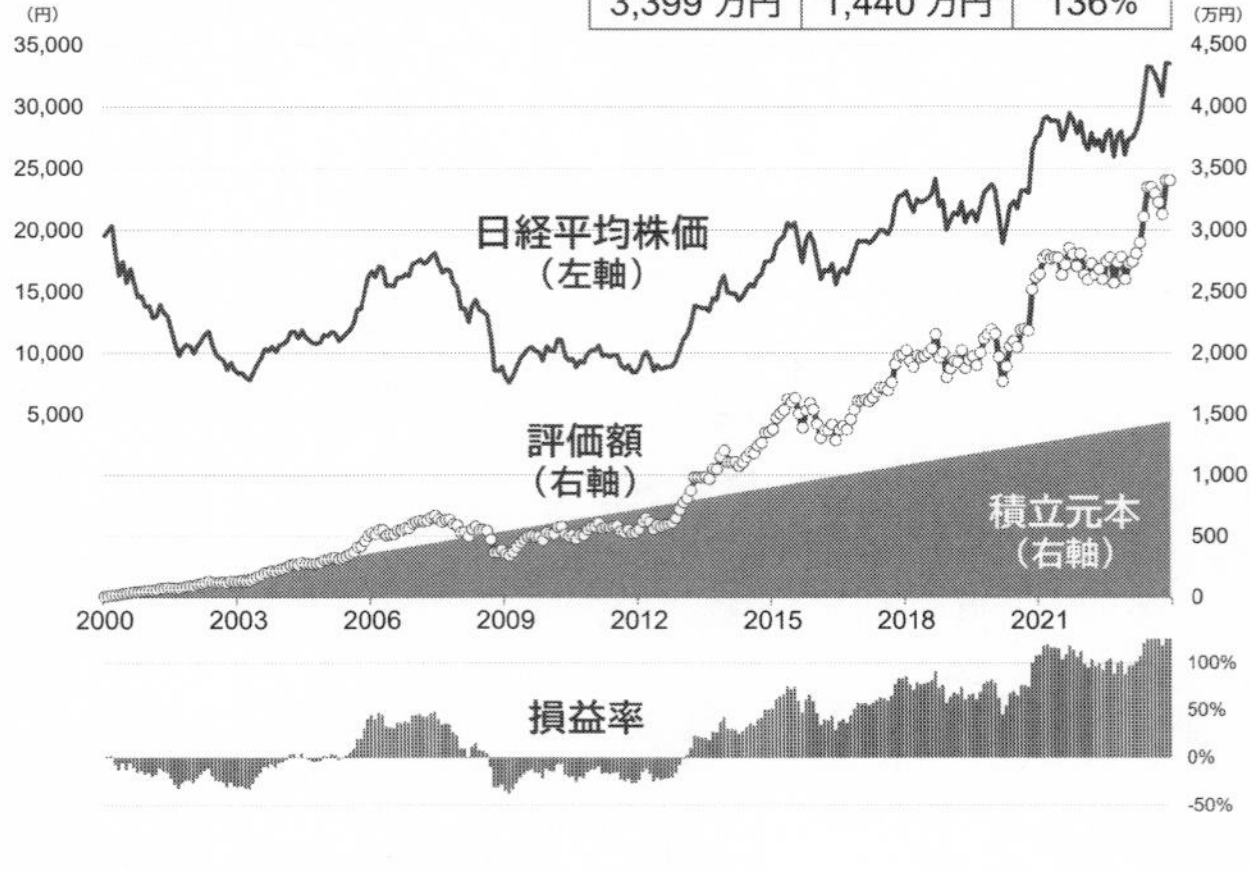

期間：2000年1月末〜2023年12月末
各月末の日経平均株価に定額積立をしたと仮定したシミュレーション。
税金・手数料等は考慮せず。

社だったので、何も考えずそのファンドで月5万円で始めたのが2000年の1月。

でも、グラフ上にファンドの代替として示した日経平均株価の線でわかるように、スタートのホントの直後から暴落しちゃったのよ。しかも激しく。

2000年1月末に約2万円だった日経平均は、2003年の3月には8000円を割ってしまった。

右肩上がりの三角形は積立元本の積み上がり。

月5万円、年に60万円（5万円×12ヵ月）を24年続けてるので1440万円のところまで直線的に積みあがってるよね。

そして「評価額」の線が、その時々のそれまで積み立てた分の時価評価額の推移。つまり、**もしその時々で積立を全部売ったらいくらになってたのか**を示してる。

父の20年。最悪のスタートでした

さて、グラフの見方はわかったと思うので、ここ見て（次ページ）。

2000年1月にスタートしてから日本株はずっと3年間暴落していくんだけど、僕は気にせず毎月5万円の積立を続けていた。

もちろん時価評価（評価額の線）はずっとマイナス状態なんだけど、でも金額としての「実害」はまだそう大きくないから気にしなかった。

月5万円、1年で60万円、3年で180万円の拠出だから、2割の評価損だったとしても36万円だからね。痛いけど**まあ気にせず続けてた。**

というか初の転職先で毎日忙しくて、気にする余裕なんかなかった。

そしたら2003年の春ごろに「コツン」とばかり日本株は底を付けて上がっていく。評価額の線が積立元本の三角を上回っていることでわかる通り、僕の積立は「**含み益**」の状態になっていった。日経平均は2005年、2006年と順調に回復して1万5000円とか1万6000円になっていく。

「**あぁよかった〜」という感じだったと思う。**

しかしそれも束の間、恐ろしいことに……。

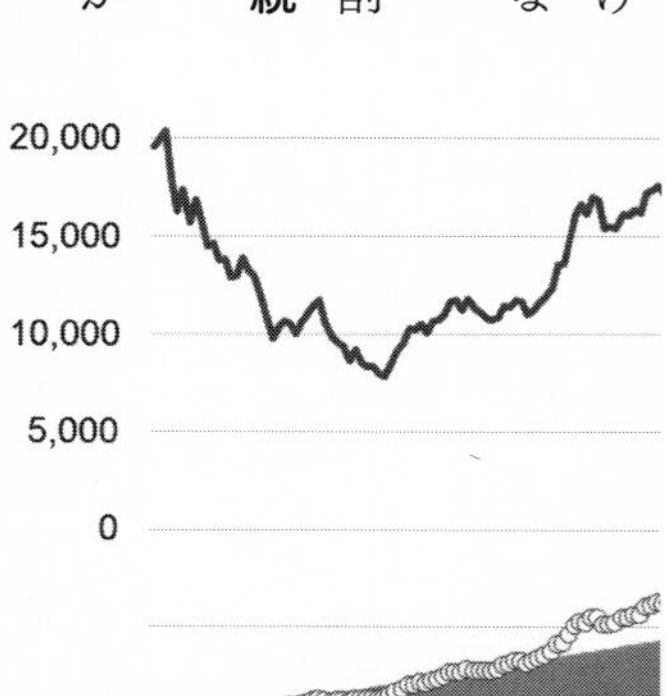

4 預金でもいいけど、僕の20年は参考になるはず（後編）

父の20年。実は結構シビアでした

２００３年に日経平均で８０００円を割ったあと、２００５年２００６年と回復していってホッと安心してたんだけど、２００８年からまた急落です。

はい、そう「リーマン・ショック」だね。

評価額の線がまた三角の下に入ってることでわかるように、僕の積立はマイナス、いわゆる「**含み損**」という状態になっていきました。しかもかなり大きな損。

今も覚えているけど、この時は楽観主義の僕もさすがにシンドかったな。見てわかるようにマイナス状態がここから4年半続くの。

約5年よ、5年。この時ってもう10年から13年ずっと積立してる

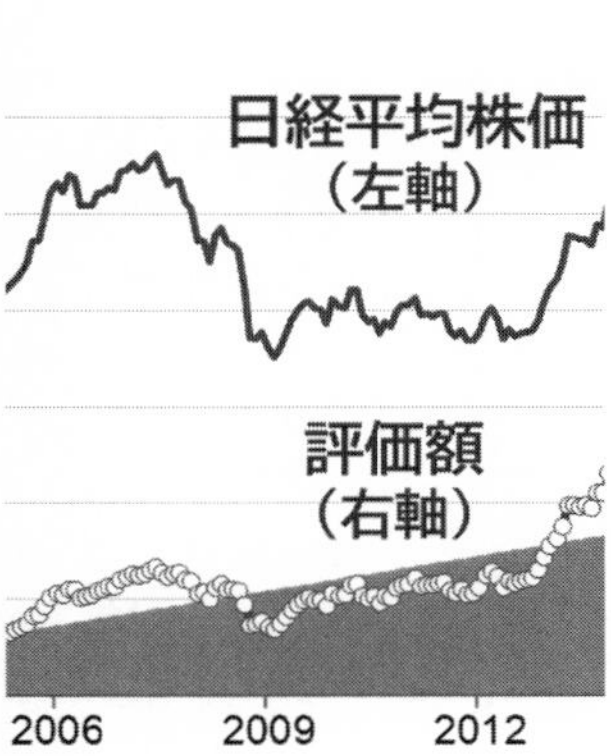

から、積立元本が600万円から800万円とかなんだよね。

そこに最大35％以上のマイナスが襲ってきたわけなので、実額で言えば最大200万円を超える評価損が定期的に送られてくる明細に記されてた。

その頃は、お母さんにその書類を見せずに捨ててた。

「2人でオープンに！」って言いたくなる原点は、もしかしたらコレかもしれないな。

2人で同額でオープンにやってれば、**こういうシンドい時期も一緒に頑張れる**からさ。

「意志ある楽観主義」、というか仕事に集中しとこう！

ここ数年、マネー関係のYouTuberがたくさん出てきたり、一般の人もツイートしたりしているのは、単純に株式市場が好調だったからだと思う。

別に脅したいわけじゃないんだけど、そんなに皆が上機嫌な時期ばかりは続かない。

僕のこの5年みたいなシンドい時期はいつでもあり得ると思って、気にしないで続ける**「意志ある楽観主義」「やめない胆力」**を持っていてほしいんだよね。

含み損の5年って、長いからさ。

そうそう、僕は仕事だからこうして毎日投資のこと考えてマーケット（株式市場など）を見てるけど、**君たちは絶対そうしないでほしいの。**

YouTubeを見たり、本読んだり、ツイートしたり、LINEのオープンチャットなんか見てたら、逆に悪い時に耐えられなくて余計なことしちゃうと思う。

ネットには「間違ってるなー。堂々と」と思う意見も多いしさ。

逆に、**積立してることすら忘れるくらい仕事に集中している方が、結果的に正解になると思う。**

会社での評価が上がって給料が増えたり、いわゆる「転職力」が高まって、転職で給料がジャンプアップしたりすれば積立額が増やせる。

投資でお金を増やすよりも、前にも言ったように元本を増額する方が遥かに強いわけだから。

それに、仕事で認められた結果「**忙しいけど楽しい**」っていう状態の方が、「運用が楽しい」の比較にならないほど人生にとって価値があるよね。

もう僕には遅いけど、君たちは今そちらに時間と神経を使うべきだと思う。

まだ若いのに「仕事が辛くて早く逃れたいから金を作りたい」っていうのは健全じゃないと思う。

マネー動画を見てる時間なんかゼロにして、仕事に集中し、もっと大事な2人の**楽しい生活に集中してほしいってホント思う。**説教じみたこと言って悪いけど、親心と思って許して。

父の20年。でもやめなくて良かった

さて、このシンドい時期に積立停止などせず、淡々と続けていて本当に良かったという
ことが、このグラフの後半を見たらわかる。

2008年のリーマンからの4年半後、2013年春ごろから日本株は大きく上昇し始めたんだよね。

「アベノミクス相場」とブームみたいに言われたけど、実際に日本企業が利益をあげるようになり、ソッポ向いてた外国人投資家などがそれに気付きだしたってわけ。

評価額の線を見てほしいんだけど、僕の積立

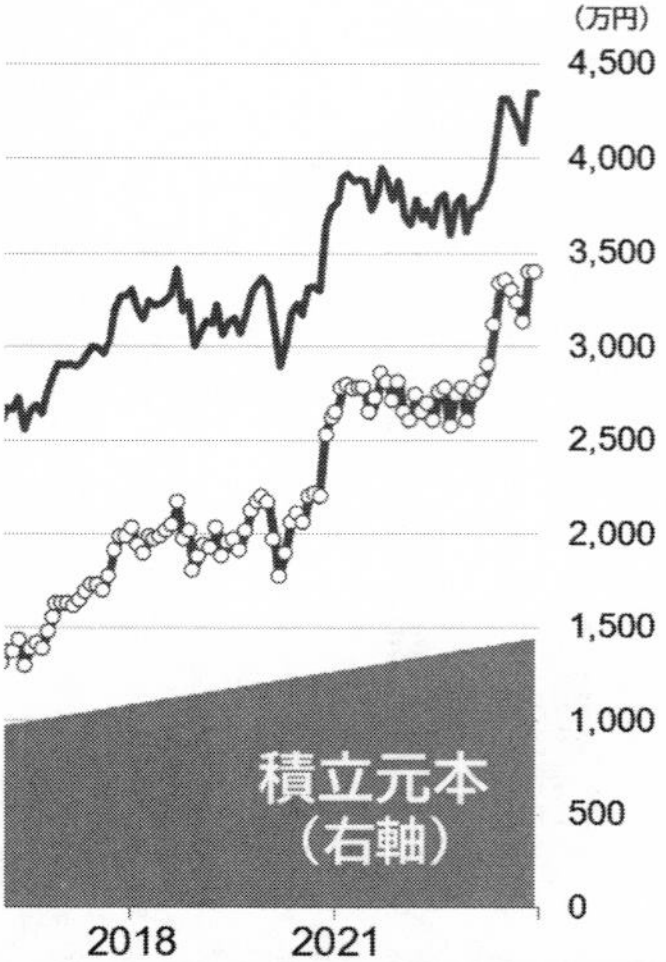

評価額	積立元本	リターン
3,399万円	1,440万円	136%

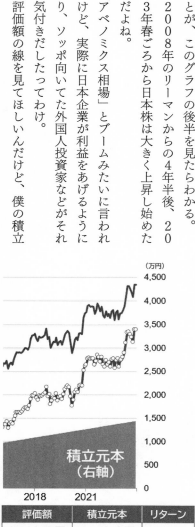

評価額は急に大きなプラスに転じだした。恐ろしいくらいに。

恐ろしいと言う理由は、このグラフのエンド、2023年12月末時点を見たらわかる。積立元本1440万円に対して3399万円の評価額ですよ。

「リターン136%」って書いてあるけど、つまり2・36倍になっているってこと。

あぁ、**ホントに続けてて良かったよね。**

不思議すぎるこの結果はなぜに?

全体のグラフをもう一度見てほしい。

僕が積立をスタートした時の日経平均はちょうど2万円くらいだよね。それが2023年12月では3万3000円くらい。

期間:2000年1月末〜2023年12月末
各月末の日経平均株価に定額積立をしたと仮定したシミュレーション。
税金・手数料等は考慮せず。

確かに約7割は上昇してるけど2倍にまではなってないよね。でもこの期間に積立を続けた僕の資産は積立元本の2・36倍の3399万円になっている。

スゴくない？　いやホントに

なぜこんな不思議なことになるのか。

それは簡単に言えば、**2回の下落時に積立をやめてなかったおかげ**。

その時に低い基準価額で「口数」が大きく増えていて、そのたまった口数がアベノミクス以降の上昇時に花開いている、ブーストしている、ってこと。

何でこんな不思議なことが起こっているのか。

投資信託って、毎日1回計算される「基準価額」という1口当たりのファンドの値段を、口数で買うものなの。

細かい話を抜きに単純化すれば、もし10000円の基準価額のファンドを100万円分買いたいという人がいたら、100万円÷10000円で、その人は100口を買うことになる。もし5000円のファンドだったら、100万円÷5000円なので200口買うって感じ。

積立って、**同じファンドを毎月同じ日に同じ金額で買い続ける仕組み**なんだよね。

ということは、先月よりも値段が下がったファンドを今月5万円分買うと、先月よりも多くの口数を取得することになるよね。

基準価額が下がってても同じ金額分買うんだから、ゲットできる口数は先月より多くなる。さらに来月も下がっているとすれば、来月の5万円ではもっと多くの口数を買うことになる。しかも安い値段で。——そう、これが理由。

僕は20年間で大きな暴落を2回経験したわけだけど、その時に僕はメチャメチャ口数を増やしていた。つまり、低い値段のモノを大量に仕込んでいた。

そして最後になって上がったもんだから、たまってた口数がブーストして、ターボがかかって急に増え方が増したわけ。

「下がってもやめなかった」ことが花開いた結果、日経平均は3万3000円までと約7割しか上がってないのに、僕は**資産を2・36倍に増やすことができてるわけだ**。

5 預金でもいいけど、僕の20年は参考になるはず（完結編）

すべては結果論だけど

さっきまでの話についてどう感じただろう。

自分で話してて思うけど、**でもこれってすべて結果論**なんだよね。

もし日経平均が今も1万円あたりをウロウロしてるような日本株市場だったら、僕の積立元本1440万円はまだマイナスなんだろう。

前に「結局は運なのよ」みたいなこと言ったけど、あの時よりもその意味は伝わってるよね、きっと。

どれだけ過去のことを学んでも、どれだけ慎重にファンド選びをしても、これからの君たちの20年は僕のとは絶対同じにはならないし、予想もつかない。

でも僕の20年から学べることはあると思う。

投信積立が報われるための秘訣は、

①株式市場にはとにかく〝ボーっと〟居続けること

②「下がった時が嬉しいんだ！」という〝やせ我慢〟

という2つ。

仕事に集中して放っとけ、って話したけど、本当にそうしてほしい。

積立の初期設定であるファンド選びや、ボーナス時のアクションについては深く考えて決めてほしいんだけど、それが終わった後は本当に忘れたかのような過ごし方をしてほしい。

そのボーっとしたフリで放っておく**「意志ある楽観主義」**を貫くために持っておきたい理解が、僕の2度の暴落時の話だね。

つまり、投信積立において**「下がっていることは実はいいことなんだ」**、**「最後に笑うために必要な、口数の溜め込みを今やってるんだ」**っていう理解。

経済は右肩上がり

ところで、僕の20年どころじゃない長い世界経済の歩みを見て思うのは、**経済はずっと成長してきた**という事実。

投信を使った資産形成って、この経済成長の力を賢く活かす試みだと思うんだけど、その前提として求められるのが「**経済は右肩上がりだったし、今後もそうに違いない**」という信念だと思う。

一人ひとりの投資がどうなるかは結果論でしかないわけだけど、経済自体は、そしてそれを反映する株式市場は、色んな「ショック」を結局は克服して、さらなる成長をしてきたよね。

それはなぜなんだろう。

僕らの欲には際限がないからだと思う。

昨日より貧しくなってもいいんだって人ばかりだと経済は成長しないだろうし、世界中が社会主義経済を唱え始めて、個々人がより良い暮らしを自分でつくりたいと努力しなくなったら、世界経済は成長しないと思う。

でも欲深い僕らはもっといいモノやサービスが欲しいし、それをビジネスチャンスととらえて企業は毎年新製品を出す。その背景には日進月歩の技術進化があって、欲しくなるモノはきっとこれからも、どんどん出てくる。

君たちの会社の社長だって、「今年の我が社の目標は現状維持です。頑張らなくていいです」なんて言わないよね。

企業は毎年売り上げや利益を増やしていこうとするし、僕らは去年よりも給料が上がってほしいと頑張る。

こういうことの集まりが経済だから、やっぱり全体としては右肩上がりで、だから株式市場も右肩上がりなんだよね。

ウチの会社が10年以上前から使っているグラフがある。これ。面グラフが世界のGDP、まぁ経済規模の総額で、線が全世界株式指数という世界全部の株式市場を指数化したもの。

これを重ねてみたわけ。もう明らかでしょ。

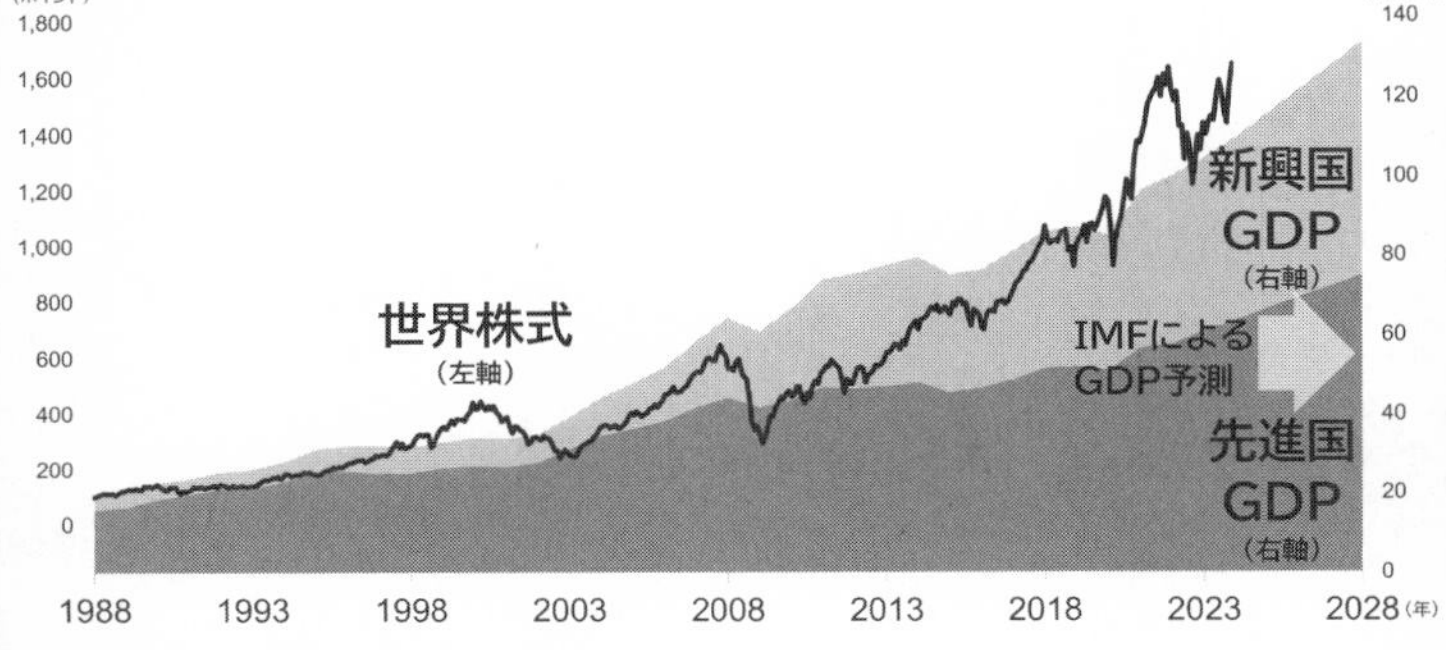

世界のGDPの推移・予測と世界株式の推移
IMFおよび信頼できると判断したデータをもとに作成。世界株価指数はMSCI ACワールド指数（配当込、米ドルベース）。1987年12月末〜2023年12月末。

つまり経済規模はずーっと右肩上がりで増えているし、株価はそれとリンクして同じように動いてきた。

これ以上シンプルな関係性はないよね。

もちろん、僕の積立が苦境に陥ったスタート直後の2000年頃やリーマンの2008年頃は面グラフ自体が落ち込んでいるのがわかる。そして株価も落ち込んでいるよね。

でも世界経済は苦境を克服して前進し、株価もそれに先行するようにして上昇していった。

実際、これまで「常に」って言っていいくらいに、世界経済は色んな試練を受けてきたよね。誰も予想しなかったようなことが常に起こっている。起こりそうな火種も、そここにたくさんある。

そういう試練が表面化すると、経済活動がスローダウンすることもあるだろうね。株価は何より真っ先に反応して下がるわ。間違いなく。

でもこれまでがそうだったように、政治も企業も最大限の努力と工夫をして、その試練を乗り越えるんだと思うよ。そして経済はまた、「右肩上がり」に回帰していく。

この面グラフは今後の経済成長の予想値まで入ってて、今後も経済は右肩上がりだと予想されている。先進国はもちろん、中国やインドなどの新興国がより成長すると予想されている。

株価の線の方はもちろん直近までしか描かれてないけど、経済がそうして成長していくと予想されるなら株価だって一緒に右肩上がりだと考えるのは、そう間違っていないと思う。


短期的には色んなニュースでアップダウンはあっても、ボーっと放っておけばいいじゃんって僕が思えてきたのには、こういう理解が腹の中にあったから。

そしてもうひとつは、しつこいけど**「下がっても嬉しい」という積立の仕組みへの理解。**

でも一番大きかったのは、僕が本当に楽観主義者で、細かいようでいて面倒なことは嫌いないいかげんな性格だったからかもしれない。

積立の損益を毎日チェックしたり、下がった時に気に病んで余計なアクションをしなかったのは、**単に僕のズボラな性格のおかげかもしれない。**

今さら僕の性格なんか言わなくても、十分わかってるか。

6 告白：僕の積立20年で実は後悔していること

日本株ファンドでなければ……


2000年の当時、そもそも投信積立はメジャーじゃなかった。

もちろんNISAもないし、投信ブロガーもYouTuberもいなかった。

それでも今で言うところの「コツコツのほったらかし」を、しかも「本気の積立」で始めた自分を褒めたい。

波乱の24年、一度も積立停止などせず、ボーナスのお金も前向きに果敢に使って続けてきた自分を褒めてあげたい。

でも後悔していることが1つある。

それは**日本株ファンドで始めてしまったこと**。

始めた時の日経平均は2万円で、その後8000円割れを2回見て、13年後からようやく上がっていった日本株だけど、結果的に投信積立の効果が出やすい展開を辿った日本株だったけど、それでも24年前のあの時、もし米国株や世界株に投資するファンドで積立をセットしていたら、僕の資産は今よりもっともっと増えているわけだよね。

——と後悔するわけ。

でも当時、米国株のファンドなんてまったく不人気だったし、よくわからない外国の株に投資するファンドがまったくピンと来てなかったんだと思う。

この業界にいたくせにね。

まぁでも、そういうセコイことは考えないようにしてる。

だって、もしリスクを取ること自体を躊躇して預金で積み立てていたら、今の僕は半分のお金しか持っていないわけなんだから。**あの時リスクを取って、24年続けたことは十分に報われているんだから、**と。

リターンを決めたのは「インデックスかアクティブか」などではない

ただ君たちに伝えたい教訓は、24年前に僕が日本株のファンドを選んだ瞬間に、**リターンのほとんどは決まっていた**——ということ。

商品選びについてはあとで具体的に話すけど、いわゆる「インデックスファンド」だろうが「アクティブファンド」だろうが、信託報酬というコストが高かろうが安かろうが、「何とかファンド賞」を取っていようがいまいが、まぁ乱暴な言い方で悪いけど、日本株に投資するファンドを選んだ瞬間に、僕のこの24年のリターンのほとんどは規定されてしまっていた、というのが事実なんだよね。つまり、**商品選びは大事だけど、順番は最後。**

考え方の順番について話してみようか。

まず最初は、前に話した通り「**金額決め**」だ。

「本気の積立」と言えるような金額の拠出をするかどうか。

2番目は「**資産選び**」。

簡単に言えば、株式100%の投信でやるかどうか。難しく言うと資産選択、資産配分、アセットアロケーション。

投信には「中身は株だけ。常に100%株に投資してます!」っていう株式ファンドから、株と債券を半々などに保つことで「安定と成長の両方を追求します!」みたいなバランスファンドや、「怖い株なんて一切持ちません!」っていう債券ファンドもある。

その中でどこに腹を決めるか、が2番目。

3番目がその中での「**投資方針決め**」。

株100%でいくとして、その対象は米国か日本か世界か、はたまた地域で縛るのではなく業種や何らかの投資コンセプトで絞るか——。

手法より手前の投資そのものの考え方の部分。あとでもっと具体的に説明するね。言いたいことたくさんあるし。

4番目がその中での「**投資スタイル決め**」。

これがさっき言ったインデックスファンドかアクティブファンドかなど、商品の中の運用手法の話。

これもあとで話すけど、既に世の中にある株価指数——日経平均とかTOPIX（東証株価指数）などに上にも下にも連動するように作られたのが「インデックスファンド」で、良さげな銘柄を選んでパッケージにするのが「アクティブファンド」。

意思を持って積極的（アクティブ）に銘柄を選びます、ってことだね。今はとりあえずそう覚えといて。

そして最後が、そうした絞り込みプロセスを経た上での「**ファンド選び**」。

４番目までの思考の中で絞り込まれたカテゴリーの中から、運用会社の信頼度や実績やコストといった商品スペックを見て最終的なファンドを決める、と。

何か急に本格的な話をしてしまったね。「急に何だよ〜」と思ったかもしれないが、今は何となくでいいから、「商品選びを急いではいけないんだな」ということだけ感じてくれたら十分。

今は僕の24年前とは真逆に、商品も情報も溢れまくってるよね。

ＳＮＳでは「Ｓ＆Ｐ５００（米国株式インデックス）とオルカン（オール・カントリー＝全世界株式インデックス）のどっちがいいですか?」とか「クレジットカードでの積立のポイントが下がったのでどうしたら?」なんて質問が、ネット上の匿名で顔も知らない人に対してされていて盛り上がってる。

もちろん既に目覚めた賢い人たちだから、その答えを鵜呑みにしようなんてことではなく、多くのセカンドオピニオンを集

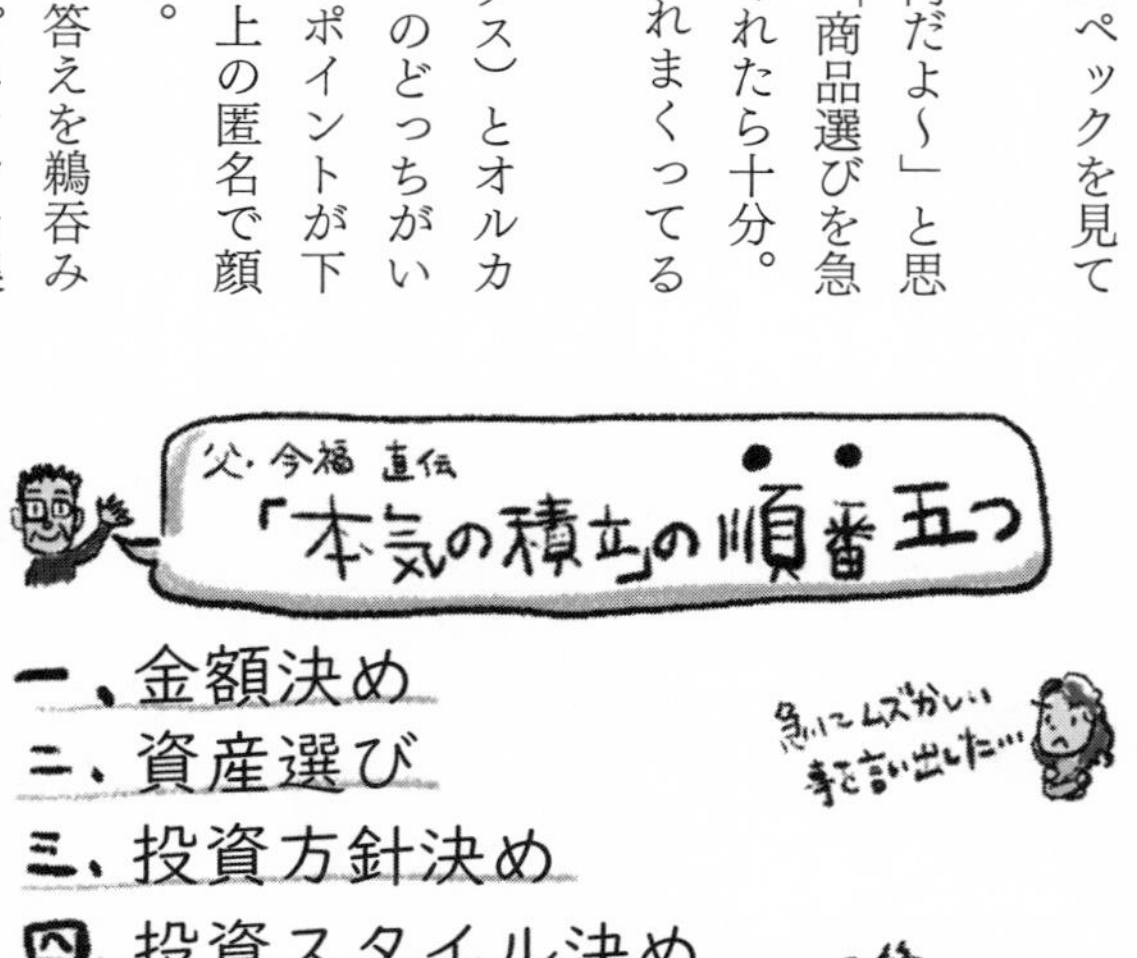
父・今福 直伝
「本気の積立」の順番五つ
一、金額決め
二、資産選び
四、投資スタイル決め
五、ファンド選び
急にムズかしい事を言い出した…
コレは最後なんですか!?

めに行ってるんだと思う。

それでも僕からすれば、**その多くはさっきの4番目か5番目の技術論の議論**でしかないと思える。

さっき言ったように、インデックスでもアクティブでも、AファンドでもBファンドでも、コストが高くても安くても、最初に「日本株で」とか「米国株で」などと決めた瞬間に、**リターンはその大きな枠組みにおける今後の「運」に規定される**んだからね。

7 アセットアロケーション？——うーん。知らなくていいかな

君たちなら「株100％」がデフォルトで結構

先ほど話したのは、商品選びは最後の最後だという話だった。

最初に考えるべきは**毎月の積立金額**。つまりいかに「本気の積立」を2人で平等にセットできるか。そして2番目に考えるのが**投資資産の決定**。難しい言葉で言うとアセットアロケーションだよ、って話だったよね。

少し前に話したように、投資信託には「株式だけに投資します！」っていう株式ファンドから、「株だけじゃ何なんで、債券で守りも入れときます！」のバランスファンド、「株なんて怖いもの一切入れません！」という債券ファンドまで色々あって、色々ありすぎて日本で何千本もある。

そうした中、株式ファンドと債券ファンドとその他にも……など複数を上手い具合に組

み合わせることをアセットアロケーション（資産配分）と言ったりする。

でも君たちは20年後とか30年後をゴールとした積立を考えているわけなので、**シンプルに株式100%の株式ファンドだけでいいよ**、と言っておく。

つまり、「アセット」は「アロケート」しなくていい、株式というアセットへの「全振り」でいいということだ。

あ、でも責任は取らないからね。

僕のこの一連の話は父親の一意見としてフラットに聞いて、あとは2人で相談して納得して決めてくれれば、結論は何でもいい。

前にも言ったけど、細かい違いはあれど「預金に放置のノーアクション」に比べれば素晴らしいアクションとなるはずだし、乱暴に言えばどれも大体同じ方向に動くものだし、結局のところ今後の市場環境頼みという意味では**運次第なんだからさ**。

ただ長期戦において、中途半端な腹の括り方だとブレて失敗してしまう可能性が高いので、君たちには前向きに潔く、**株式100%のファンドにする「覚悟」**を持ってもらいたいと思っている。

ちなみにウチの会社は「前を向く人の、投資信託。」ってコピーをここ何年も使ってるんだけどね、それって「投資信託は一度は元本割れしますよ」っていうのが暗黙の前提になってるコピーなんだよね。

元本割れするからね！

そう、投資信託って、いつかは必ず元本割れすると思ってないといけない商品なんだよね。

だって、買った今日がその後を含めてたまたま最安値の日で、翌日から上がる一方だったという「奇跡の人」以外は、明日か1年後か10年後かはわからないけど、必ず買値を下回る嫌な日を経験するわけじゃない。

それはどんなに安心を謳っている投信だって基本、同じ。

どこかで一度は元本割れの期間を経験するのが投資信託の宿命なの。

投資信託を買うってことは、そういう嫌な日が来るのをわかっていて、でも長期的には報われることを信じて、嫌な時期のストレスを前向きに受け入れて頑張ります！っていいうことなのよ。

能天気だけど尊い「前向きな覚悟」「意志ある楽観主義」によって成り立つ**人生設計の一大プロジェクト**なんだよね。

だから中途半端にあれこれ混ぜて覚悟が曖昧になるよりは、シンプルに株式100%の株式ファンドでいいと思うわけ。

僕の本棚を見て気付いているかもしれないけど、いや絶対興味なくて見たことないと思うけど、僕は投信業界に入って以降、明らかに無駄っぽいもの以外の投資関連本をずっと読んでるんだよね。仕事として。

その中で、どの本だったかは忘れてしまったんだけど、ある海外の翻訳本に「卵は複数の籠《かご》でなく、ひとつの籠に入れておけばよい。**大事なのは入れたことを忘れておくことの方だ**」みたいなことが書いてあった。

一般的には逆のことが格言的に言われてるのよ。「卵はひとつに盛るな。複数の籠に分けて運べ」ってね。

その本ではそれに異を唱えているってわけ。

「複数の籠」とか言って神経質になるのではなく、ひとつの籠に株式を入れて、入れてること自体を忘れとく方が余程いい、ってね。

本当にその通りだと思った。

世の中にはそういう格言的なフワっとしたイメージ論か、あるいは逆に「長期投資はリスクを減らす」「資産配分が成果の9割を決める」「アインシュタインも認めた複利の力が長期投資のメリット」など、学術的っぽいことを表層的に受け売りした人が多いせいで、誤解されて広まったような話が多い。

一方では「アセットアロケーション」「シャープレシオ」「リバランス」といった、プロ由来で正しいものの、普通の人には理解や実践が困難な技術論も多いんだよね。

できないことを勉強しても時間がもったいない。

君たちはそういうのはすべて気にしないでいい。そんな勉強はしたくないだろうし、してほしくない。

ネットもYouTubeも見ずに、もっと楽しいことや大事なことに時間を使った方がいい。

ひとつの籠に株式の投資信託を入れて、入れたことを忘れて、**仕事と生活の充実にエネルギーを注いでもらいたいと思う。**

株は確かに怖いけど、とにかく他のものと混ぜればOKって話でもない

暑苦しい精神論になっちゃったので話を戻すけど、株だけでは怖いからと色々なものを混ぜる分散投資には、デメリットもあるって話なのよ。

簡単に言えば「たくさんのものに分散すればするほど、リスクは確かに分散されるが、**リターンの方も分散されて凡庸《ぼんよう》になりがち**」ということ。

確かに「株100%」なんて怖い感じがするから、たくさんのものに分散したくなるのは人情だよね。

具体的には株とは性質が異なる債券と混ぜるのがいいとされている。

1つの投信の中で最初から混ざってるタイプを「バランスファンド」っていうんだけど、確かに**日々の値動きはマイルドになることが多い**。

でもね、株全体が仮に10年後に何と2倍になったとしても、株と債券に例えば半々に分散するバランスファンドでは、その基準価額、投信の値段だね、は2倍にはなれてないわけですよ。

株だけに100%投資するタイプのファンドなら基本的にその恩恵に100%あずかれるわけだけど、株に50%、債券に50%と分散するバランスファンドだったら、株式のせっかくの2倍の上昇は半分の50％上昇分しかゲットできないことになるでしょ。わかるよね。

混ぜれば正解かっていうと、そう簡単じゃない。目的による。

君たちの目的が「20年後にしっかりした額のお金を手にした余裕ある大人な家族になっている」ってことなんだとしたら、**株100％の株式ファンドにする**というのが、君たちにとってのアセットアロケーションだと僕は思う。

全然アセットをアロケートしてないけどね。

ただ、親とはいえしょせんは他人の意見だから、決めるのは自分たちでよろしく。

8 「途中のリスク」と「最後のリスク」

「直線をあきらめて、曲線を受け入れる」のが資産運用

株100％の投資信託にすればいいよ、って話をした。

なぜそんな決めつけを、責任も取れないくせに言うのか。それを話してみたいと思う。

2人にはぜひリスクを**「途中のリスク」**と**「最後のリスク」**の2つに分けて考える、という理解を持ってほしい。


これは、確か僕がウチの会社に転職した直後くらいに思いついたものなんだけど、それ以来、**実は資産運用で一番大事な考え方**なんじゃないかと思っていて、あちこちで言いふらしている自分史上最大級の自画自賛ワードなんだよね。

まず、次ページの絵を見て。

投資信託の基準価額でもいいし、その中身である株式の値動きでもいいんだけど、**とに**

かく資産運用って、この絵の通りに曲線なんだよ。当たり前じゃんと思うかもしれないけどさ。

本当は直線がいいよね。

直線ってつまり預貯金だよね。スタートからゴールまで直線で推移するからノーストレス、下に曲がることはないということは元本割れはない。最高ですよ。

でも今の預貯金金利は恐ろしく低いから、この絵みたいな角度の直線のはずは絶対なくって、地を這うほぼ真っ平の線になるわけ。

それが嫌だから、それじゃあ将来を描くことができないから僕や君たちはこの「直線の世界」を捨てるわけだ。

直線にこだわっていたら未来は無いから、嫌だけど曲線を選ぶわけ。

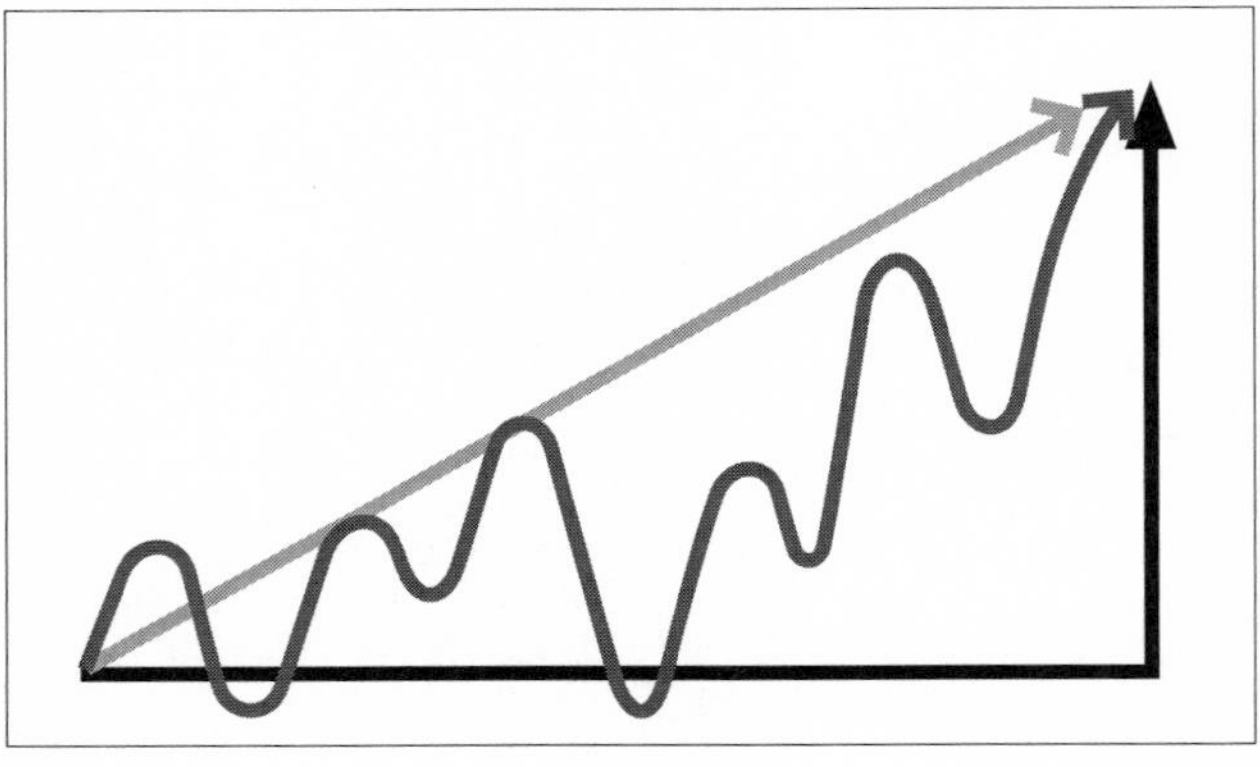

自らの目的のために**「直線をあきらめて、曲線を受け入れる」**――これが、**リスクのあるもので資産を運用することの本質**だと思う。

曲線を使って遊ぶのが好きな人もいる。売ったり買ったりと。

曲線の振幅が大きいとギャンブル的な売買には確かに面白いんだろうね。

ギャンブルって言うと悪く聞こえちゃうけど、趣味としての投資と考えれば全然悪いことじゃない。でも僕らはそういう目的ではないわけだ。している**「ゲームの種類」が違う**ってことだ。

君たちにとっての「真のリスク」は何だろう？

なんてカッコいいこと言ってはみても、必ずやってくる元本割れの期間はそりゃ嫌ですよ。

積立を始めて時間が経つほど元本が大きくなるから、損の実額も大きくなってキツイのよ。

まだ積立元本が10万円の時なら、2割下がったといっても2万円だけど、100万円積立したあとの2割は20万円だし、500万円だったら100万円の「含み損」を見ることになる。

100万円の含み損なんて聞くと「ヒー！」って思うだろうね。「そんなのムリ！　やっぱ株式のファンドなんて嫌！」って思うかもね。

でもね、君たちにとっての「**真のリスク**」**は実はココじゃないのよ**。

僕や君たちが本当は嫌な曲線を受け入れるのは、**曲線を受け入れてでも、その先に到達したいゴール、目的があるから**だったよね。

君たちにとってのそれは、20年、30年後に「**人生のハンドル**」**を自分たちが握っている実感を持った、余裕ある大人になっていること**だと思う。

つまり、君たちにとっての「**真のリスク**」**とは**「**その夢が叶ってないまま20年後30年後を迎えていること**」じゃないだろうか。

金銭的余裕はあまりなく、相変わらず上司や会社に人生のハンドルを握られた状態のまま歳をとってしまっていることじゃないだろうか。

別に大金を作って仕事を早くに辞めるべきとは全然思ってないからね。

数年前にＦＩＲＥ（Financial Independence, Retire Early／金銭的自立と早期退職）という海外発のムーブメントがあったけど、そんなに早くに仕事辞めたらボケそうだし、会社の仕事が嫌だからお金を貯めようなんて動機は悲しすぎる。

仕事が楽しくなければ家庭も生活も充実しづらいというのは、昭和の僕だけに限らない真実だと思う。

でも「何ならいつでも辞められる」「どちらかが1年くらい休んでも全然平気」と思えるようなお金を持った2人なら、やっぱり**ハンドルを握って自分で人生を運転している感覚**があるだろう。

人生の選択肢をたくさん持った2人になっていることだろう。

そんな**ワクワクするような未来を達成することが君たちにとっての資産運用の目的**であり、その目的が全然達成されていないことがリスクだ。

つまり途中の100万円のマイナスは、めちゃめちゃ大きなストレスではあるが「真のリスク」ではない。

「途中のリスク」と「最後のリスク」

今話した将来の目的が達成されない可能性の度合いが、次ページの絵にある「**最後のリスク**」であり、マイナス100万円の方は、目的達成の過程で避けては通れない「**途中の**

リスク」だってことね。

資産運用におけるリスクをこの2つに分けて理解することを強く勧めたいんだよね。

完全なオリジナルワードなんだけど、すごく大事な考え方だと思うから。

投信の基準価額は1日に1回計算されて発表されるんだけど、上か下かにとにかく変動する。すごく気になる。

でもそれはすべて「途中のリスク」なんだよね。

株式市場が下がった日には新聞やニュースが騒がしくなるし、悪いムードが続くと毎度深刻な相場解説が増えてくるんだけど、**「すべては途中のリスクに関することさ」**と思ってほしい。

「曲線を受け入れたんだから当たり前で仕方ないこと。自分には関係ない**ノイズだから無視、無視！**」と思える人が、最終的に目的を達成できる人になる。

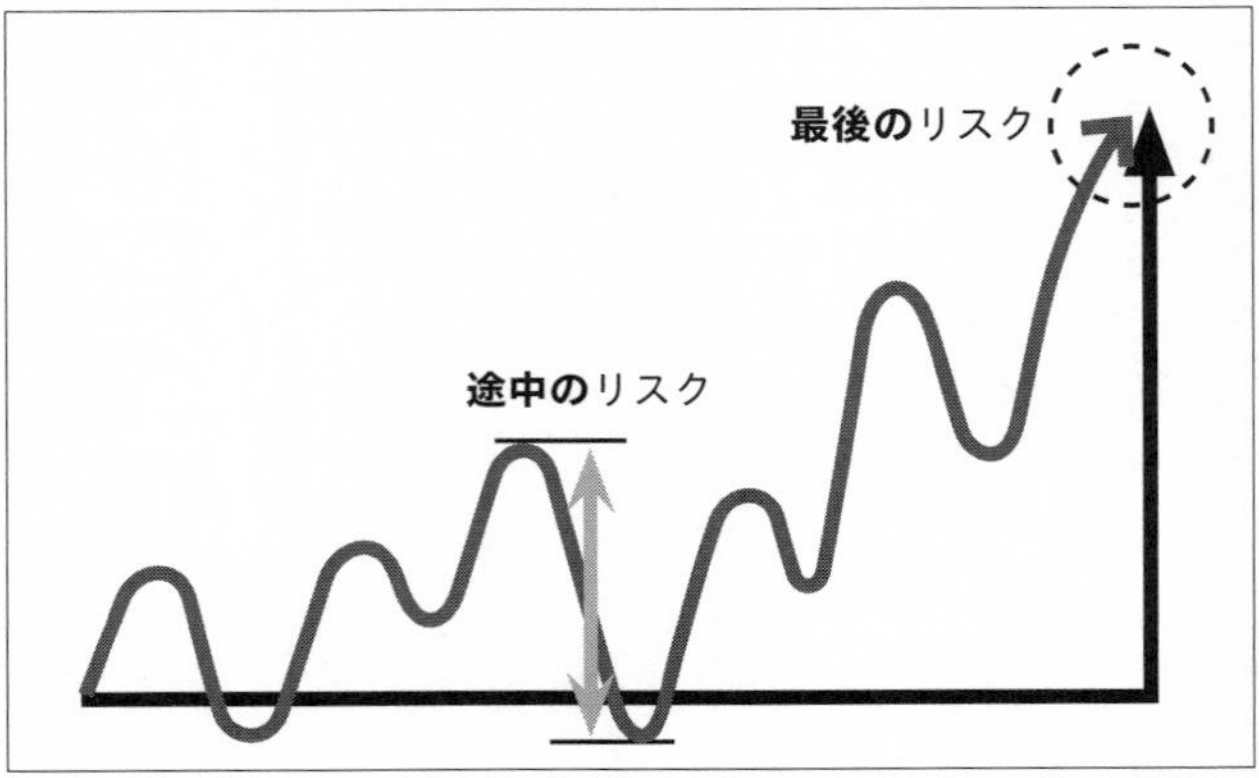

ところで君たち、会社の確定拠出年金はどうしてる?

ところでさ、今まで聞いたことなかったけど、2人の会社には確定拠出年金の制度はあるんだっけ。

企業型確定拠出年金、DCとか日本版401kと言われることもあるかな。簡単に言えば退職金制度ですな。君たちの会社が給料の他に君たちの老後のために毎月お金を出してくれてて、退職時に渡してくれるもの。

お金は会社が出してくれるんだけど、退職時までの運用方法は個人に委ねられていて、具体的には会社が用意したリストから投資信託を選ぶの。

これ、皆で最初に会社の説明会を聞くんだけど、よくわからなくて「怖いから元本確保型っていうコレにしとこ。株のファンドなんて怖いし」ってなってる人が結構いるらしいね。

これね、かなりヤバイんです。**企業を超えた大きな問題とされてる。**

2人の確定拠出年金の中身、どうなってるかわかる?

多分、机の引き出しのどこかに「DCナントカ」っていうウェブサイトの案内の紙があるはずだから探してアクセスしてごらん。そこに何のファンドを選んで、今どうなってるかが出てるから。

でも多分パスワードとかがわからなくてログインできなかったりするんだよね。

僕の確定拠出年金を公開しよう

ちなみに、これが僕のDCの中身。

資産配分状況（ポートフォリオ）の円グラフを見てほしい。

「外国株式型」の一色であることがわかる。

この手の円グラフは普通、複数の資産にアセットアロケーションされたカラフルなもので、したがってファンドは最低でも3つ以上が選ばれていることが暗黙の理解にあると思う。

前の外資系運用会社で2000年に始まったDCのセットアップにあたり、僕は一切の分散をせず、株式

現在の保有状況

資産配分状況（ポートフォリオ）

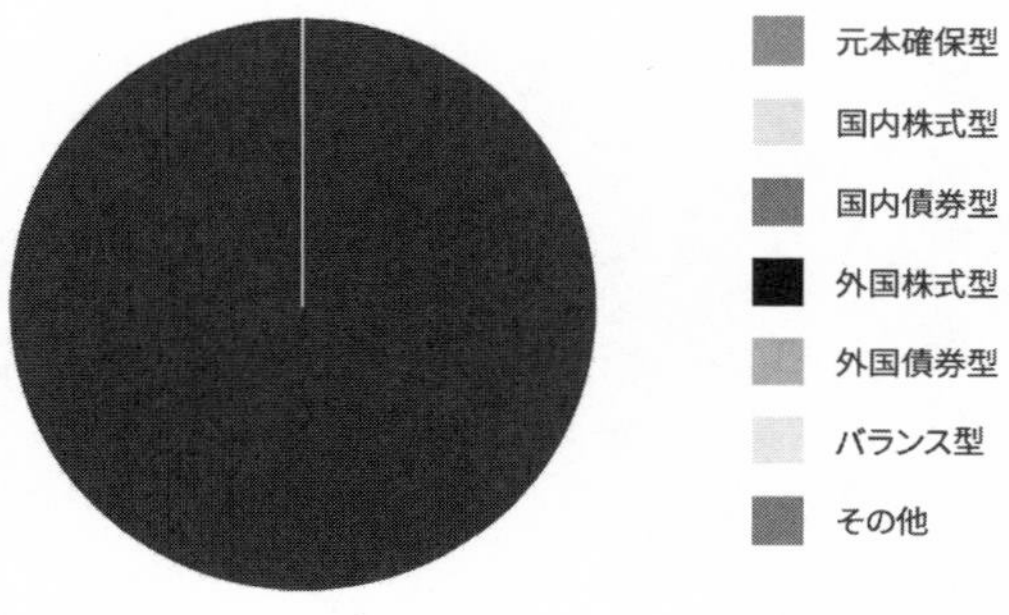

100%の1本のファンドだけにした。

その後の転職ではDCのメリットであるポータビリティ性を活かして持ち歩き、20年以上ずっとこの状態でそれぞれの会社からお金を入れてもらってきた。

退職金だからね、DCは。

なぜ海外株式ファンド1本を貫いてきたか。それは**DCとは原則として60歳になるまで換金できない制度だから。**

つまり「途中のリスク」をあれこれ気にしても、どのみちロックされていて現金化できないんだから仕方ないやと考えたわけ。それよりも、DCにとっての「最後のリスク」とはリタイア時に十分なお金に成長していないことだと考えた。リタイアする時に拠出金が思い切り増えてないと困ると思ったわけ。

会社が毎月お金を拠出してくれ、商品選択は社員に委ねられているのがDCだよね。

そこで**「何となく怖いから」と、リストにある低リスク型の投資信託とか元本確保型の商品とかを選んでしまっている人がすごく多いらしい。**

それって「途中のリスク」を恐れるがあまりに、**若いうちに「最後のリスク」を確定してしまっている行為**だと思う。

つまり、退職する時に以前の制度で退職した諸先輩よりも大幅に少ない退職金、あるいは退職年金の原資しか手にできない人になる可能性を知らずに選択してしまっているわけ。

さてさて、2人は自分のDCのサイトにアクセスできそうかな。

え？　やっぱりパスワードがわからない。なるほど。人事とかにサイト名を聞いてアクセスして、パスワードを再設定だな。はい、頑張って。

9 基準価額って何？

基準価額の計算式は理解しとこう

少し概念的な話が続いてしまったので、「**投信について知っておいたらずっと役に立つよ**」という基礎知識の話をしようと思う。

僕は証券マンを10年やって2000年に投信会社、今の会社の前の運用会社に転職したんだけど、実は投資信託のことを全然わかってなかったんだよね。

営業マンとして販売してはいたけど、本質的なことはおろか、結構基礎的なことも曖昧だったことに気付いて、あわてて勉強したのを覚えている。

でも20年経っても一番大事だと思うのはコレ。**基準価額の計算方法**だと思う。

もしかしたら知らなかったかもしれないけど、投信の値段って1日に1回しか出ないのよ。

株式は取引所が開いている時間は刻々と動いているじゃない。ニュースでも「現在の日経平均は……」とか言うように。

でも投信はその取引所の1日が終わってから値段を計算し始めるんだよね。東京証券取引所は15時（2024年11月から15時30分）に終わるんだけど、終わってからが本番。ウチの会社の計理部というところが大忙しになる。

前ページの絵のAがトヨタだとしたらトヨタの今日の終値《おわりね》、15時の最後の値段ね、それがいくらだったか、Bが任天堂だったら終値はいくらだったかなどなどを調べ、そしてこの投信はAとかBそれぞれを何株ずつ持っているかを調べて掛け算するわけ。

そしたらこの投信の「中身」の今日時点の価値の総額が出るよね。それを「資産総額」という。

これは市場が終わらないと決まらないわけだ。だから市場が閉まってから計算して、1日に1回だけ計算されるってわけ。その「資産総額」からあとで説明するコスト、信託報酬などを差し引いたのが「**純資産総額**」。

それを今日時点のその投信の全保有者が持っている口数の合計、「総口数」というんだけど、それで割り算する。

そうすると1口当たりの価値が出るじゃない。便宜的に最後に1万を掛けて表示するんだけど、それが「**基準価額**」なの。

各運用会社はたくさんある運用中の投信の基準価額をすべて計算して、大体夜8時頃までにウェブサイトで公表する。

銀行や証券会社などの販売会社では、運用会社からの連絡を受けてから、だから夜9時とかにウェブサイトなどに公表する。

そして翌日の日経新聞などにも各運用会社の基準価額が一覧表で掲載される――そんな感じ。

そう、結構時間かかるのよ。これをすべての運用会社が毎日毎日繰り返しているわけ。

もし中身に海外株式が入ってたら？

ところで、もしさっきの絵の分子にあったCがiPhoneなどのアップルだったらどうなると思う？

日本の投信の基準価額は15時に日本の市場が閉まったあとに計算作業するわけだけど、その作業をしている時、米国は夜中なわけですよ。

つまり、**海外の株式などは前日の終値を持ってくるしかないわけ。**

でも日本の投信だから、当然日本円で評価しないといけないよね。なので円ドルの為替レートを掛ける。ただ、運用会社毎に好きな為替を使ったらズルになるから、その日の午前10時の為替レートを使うこと、っていう業界ルールがある。

昨日のアップルの株価に今日10時の為替を掛けた金額を、その投信の中身の今日の価値として計算するわけだ。

ヨーロッパや中国など世界中の株式が入っている場合だって同じこと。

でも、もし昨日の米国だけ祝日だったら、米国の株式だけは2日前の値段が引っ張られてきてしまう。でも為替はどの国も今日の10時となる。

結構大変だな、って感じでしょ。

ちなみに10時っていうのは一般的な投信の場合であって、投信の設計によっては、ニューヨークのある時間で円に転換された基準価額そのものを持ってきて使う——とか色んな例外はある。

何が言いたいかというと、**投信を使ってマーケットニュースを見ながらの売買なんてできないよ、**ってこと。

投信って申込締め切りの時間があって大体15時なんだけどね、そもそもその売買の申し込みをした後から基準価額を算出し始めるわけなので、一体いくらで買えるのか売れるのかはわからないまま注文する仕組みなんだよね、そもそも。

さらに海外の株式などに投資する投信だと、**申し込んだ「翌日の基準価額」で売買するというものが多い。**

約定《やくじょう》日っていうんだけどね、書類には必ず「約定日はお申込みの翌営業日です」などと書いてある。

15時までに売買を申込むが、その夜中から始まる海外市場が上がるか下がるかは当然わからないよね。

日本の明け方から翌日になって閉じる海外市場の終値を使って、翌日の夕方にようやく基準価額の計算が始まる。これは仕組み上仕方ないことだし、実は投資家間の公平性を担保する仕組みでもある。

ネットを見てると「米国の株価が下がったから今日、米国株式の投信を買おうかな!」

なんていうのがあるんだけど、**それはまったく違うってことがわかるよね。**

投信はそもそもそういうツールじゃない。タイミングを見て売買して差益を稼ごうという目的には、そもそもまったく適していない。

投信積立の場合は毎月の買付日が決まってて自動的に買っちゃうからそんなこと考える余地は元々ないけど、ボーナスが出たり、まとまった投資資金ができたりしたときにはどうしても「安く買いたい！」って思ってしまいがち。

でもね、説明した通り、仕組み上それは無理だし、**そもそもそういう小さなこと考えたらダメよ、**と言いたいわけ。

今日明日の違いなど、どうでもいいくらいなリターンを考えよう

投資の極意があるとしたら「安く買って、高く売る」なんだろうから、投信においても基準価額が1円でも安い日に買った方がいいに決まってる。

でもね、君たちにはそんな短期的な時間軸で投資をしてほしくない。

ボーナスが出たから積立とは別に買ってみる——。こういうのを俗に「スポット買い」っていうんだけど、**タイミングを考えれば考えるほど買えなくなる**ことが起こりがちなんだ

よね。

今日申込みしていいんだろうか、もっと安く買えるんじゃなかろうか、今日買ったら「高値づかみ」になるんじゃなかろうか、ってね。

そういう気持ちはよくわかる。

でも思い出してほしいのは、前にも話した投資の目的と時間軸なんだな。

2人の投資の目的と時間軸は「**自分たちで人生のハンドルを握ってるイケてる夫婦、家族になっていること**」なんだから、「買うのは今日か明日か、いや明後日か!?」なんて迷っていてはいけない。

君たちはぜひ「そういうのはダサいね！」と生意気にも考えて、思い立ったが吉日、その日に実行するようであってほしい。

なんて言いながら僕はね、確か4年前のボーナスをもらった時なんだけど、ちょうど微妙な相場状況だったこともあって「今日か明日か？」と思ってズルズルしてしまって、気付いたら半年以上経っていた。

ずいぶんマーケットは上がってしまってもいて、すごく落ち込んだね。

それ以降、僕はボーナスが振り込まれたその日に証券会社にお金を送って、スポット買いをするようにしている。

とはいえ、誰でもどんな場合でも「一発」でスポット買いしていいのかどうかは、その投信の商品性と、あとはやはり目的と時間軸による。また話すね。

10 信託報酬というコストの意味

「コスト」のことを話しとこう

基準価額はその日の投信が持っている資産の時価÷持っている人の口数合計という割り算の結果だ、っていう話をしたよね。

下の絵には、その時にはなかった「**信託報酬の1日分**」っていうのが加わっている。

信託報酬って何だろうか。

すごく簡単に言えば、運用会社の社員である僕の給料はここから出ている。これで僕は娘2人を育ててきたわけです。

ウチみたいな運用会社はもちろん、証券会社や銀行などの販売会社と、それから資産を預かって管理してくれている信託銀行の計3社が、この信託報酬を分け合っていただいてるんです。

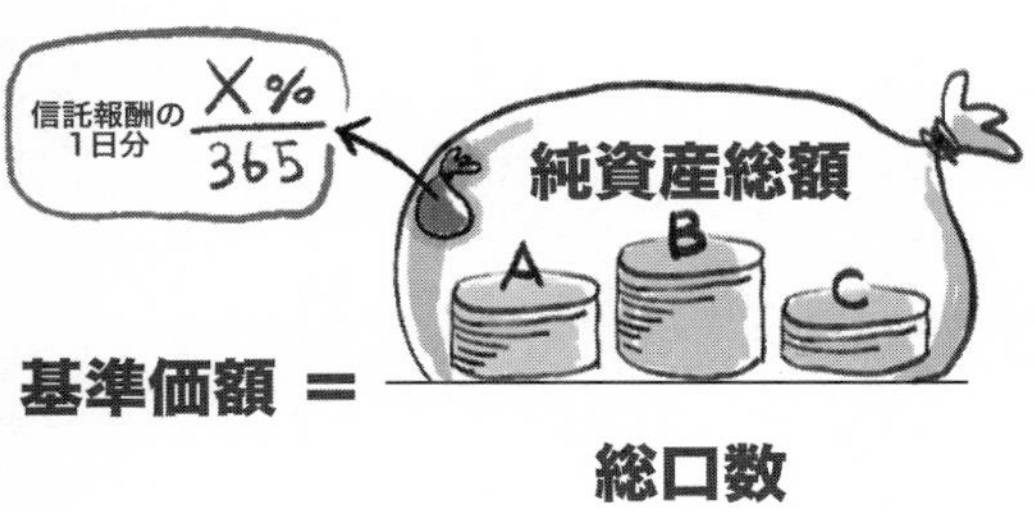

この絵でわかるように「**割り算の前に引き算する**」かたちでいただいている。

大事なことなので少し丁寧に説明しようかな。

まず信託報酬の料率は投信毎に1つに決まっているのね。

一方、もうひとつの手数料に「**申込手数料**」というのがあって、それは買うときに販売会社に支払うものね。

3%以内くらいのことが多いんだけど、販売会社が決めるものなので、例えば同じウチの投信でも、A銀行では3%なのがB証券では1%だったりする。

ウチには一銭も入って来ず、全部販売会社が受け取る。

つまり、払う側からすると、販売会社に対して「相談料」や「事務手続き料」として支払う意味合いがあると言えるかな。

ちなみにネット証券では、そうした対面アドバイスなどがないので、申込手数料をゼロにしていることがほとんど。

手数料のことを英語で「ロード」と言うので、申込手数料がゼロの投信を「**ノーロードファンド**」って言ったりする。

信託報酬については、さっき言ったように投信毎に1つの料率が決まっていて、というか運用会社が決めていて、**どの販売会社で買っても一緒。**１％台から安いものでは０・１％を切るものもある。年率ね。

さっきの絵を見てほしいんだけど、例えば年率１％の信託報酬率の投信だとしたら、その１日分、つまり１／３６５パーセントを毎日の純資産に掛け算して、少しずつ頂戴している。

総口数との「割り算をする前に引き算する」と言ったのはそういうこと。

コスパは「パ」があってこそ

２人もそうかもしれないが、最近はとにかくコスト意識が高まっているよね。投信の手数料も低いに越したことはないだろうと。

ところで、結構誤解されているのが信託報酬の「取られ方」で、別途どこかで取られていると思っている、あるいは証券会社に支払う口座管理料みたいに思っているようなネットの書き込みをたまに目にする。

そうではない。さっきの絵の通り、**信託報酬は基準価額の算出過程で毎日少しずつ引かれている。**

その日の時価である資産総額を出した後、それに「信託報酬分の1日分」を掛け算した金額を先に投信の外に出してしまう。そしてその後に総口数で割り算して基準価額を算出してるんだからね。

つまり毎日発表される基準価額は、既にその日1日分の信託報酬が引かれた後なわけだ。基準価額を見れば保有投信のその日の評価損益がわかるわけだけど、それは既に**「コスト控除後」**の損益ってことだね。

別の言い方をすれば、毎日の基準価額というのは、信託報酬の1日分だけ毎日ちょっとずつ下げられて発表されているわけだ。

信託報酬率が低いということは、その「下げられ方」が小さいということだから確かにいいよね。

でも**「投資成果の大勢」を決めるのは、そっち（コストの多寡）ではない**んだよな。

当たり前だけど、**投資の成果というのは「基準価額そのものがどれだけ上がるかによってこそ」決まる。**

コストが低ければ低いほど、自動的に良い結果が導かれるわけではないのが難しいところだ。

いくら信託報酬率が業界最安でも、基準価額そのものの上がる力が結果的に乏しかった場合、その低さが意味を持てない。

つまり、AとBという投信があって、その上がる力が等しかったときに、Aの信託報酬率がBより低ければその差分だけAが少し得だったね——という話でしかない。**上がってくれてはじめてコスト差が意味を持つ。**

このリターンとコストの主従関係を理解していないと、投信選びを間違えることになる。

ウチは数年前から、**「コストよりリターンから考える投信選び」**っていう考え方を提唱してる。

コストコストと目を三角にして、肝心のリターンのこと、つまり投資対象選びをおざなりにしては主客転倒だよと。

投信を選ぶ際の順序として間違えないでほしいポイントだと思っているんだ。

コストの低下は主に「インデックスファンド界」で進んできた

結構難しいことを話してるよね。でももう少しだけ、さらに難しい話になってしまうんだけど付き合ってほしい。

今話してる信託報酬の多寡、高いか低いかについては、シンプルに言えば「**仮に投資対象がまったく同じなら、信託報酬は低い方がその分だけお得**」っていう説明が正しい。それ以上の意味はない。

でも「投資対象がまったく同じなら」ってことはあまりなくて、あるとすればインデックスファンドの間でくらい。

インデックスファンドって前にちょっとだけ説明したよね。詳しくはまたにするけど、日経平均や米国のS&P500など、世の中にある株価指数などと日々同じ動きをするように設計・運用されたタイプの投信のカテゴリー名ね。

例えば日経平均のインデックスファンドなら、ウチのも他の運用会社のも目的は一緒、つまり今日の日経平均と同じ率だけ動くように運用することなので、さっき言った「投資対象が同じなら」に該当するわけだ。

ということは「引き算」される信託報酬率が低いインデックスファンドを選ぶのが賢いよね。

ところが、インデックスファンドの世界では既に信託報酬の低下がかなり進んでいて、信託報酬が低いほどリターンが高いといった単純な話にならないほど。

信託報酬の差よりも、対象指数に連動させる技術の差でついてしまう方が可能性としては大きいくらいだ。

つまりインデックスファンド、とりわけＮＩＳＡで選べるようなインデックスファンドのコストは皆合格点なので、神経質にならないでいいと思う。

というか、そもそも同じ指数のインデックスファンドなら、どの会社のインデックスファンドも動きは連動対象の指数と同じだ。それがファンドの目的なんだから。

だから信託報酬の差は本当の本当に微差になる。また詳しく話すね。

しつこいけどそれより何倍も大事なのが、自分は何にどんなリターンを期待して投資しようとしているのか――。**リターンのことを考えるエネルギーの方だ。**

コストによる「乗り換え」？

前に僕の20年を見せたじゃない。あの時に「日本株でなければ……」なんて後悔話をしたと思うけど、あれもそう。

僕はあの時、一番身近な自社ファンドの、一番売れているものにしてしまった。お世辞にもリターンのことにエネルギーを割いた結果ではなかった。

僕が君たちに今、避けてほしいと思うのは、「よっしゃ。最初はインデックスファンドがいいって聞くし、これが人気みたいだから○○インデックスファンドで決まりだな！」と安易に決めたり、「コストが大事なんだから信託報酬の最安ファンドを探さなきゃ」とそこだけに血道をあげたり、結果としてそのうち「あ、もっと低い信託報酬のが出てきたぞ！乗り換えなきゃ」なんてなったりすること。

「乗り換え」っていうのは、持っているものを売って、そのお金で次のものを買うことなんだけど、**結構落とし穴があるんだよね。**

まず、売ったものに利益が出ていたら（NISA口座でなければ）利益分に約2割の税金がかかってしまう。次に買うファンドがいくら信託報酬が安くても、利益が2割減った元本で次のを買うんだよね。利益を減らしてから再び投資するなんて、愚の骨頂だ。

あと、売ったものが現金になるまでに4日も5日もかかるんだよね。

で、次のものを買うにも、申込日の翌日の基準価額とかになるのも多いわけじゃない。

つまり**乗り換え作業の間には結構なラグが生じてしまう。**

そうした数日の間にも当然株式市場は動いているから、新しいものを買う前に大きな上昇を逃してしまうかもしれない。

僕が20年以上前に読んだ本の有名な言葉に、「稲妻が光る瞬間に市場にいないのは長期投資家にとっての極めて大きなリスクだ」というのがあるんだけど、まさにそれ。稲妻は突然光るんだから、いい時も悪い時もずっと居ないとダメ。

ウチも以前から「THINK BIG, Stay Invested」って言い続けてるんだ。「**細かいこと考えず大きく考え、投資をずっと続けていようね**」っていう意味だね。

11 基準価額は単なるモノサシですから

基準価額の見方を教えておこう

引き続き、投信の仕組みの基礎知識について話そうと思う。

コロコロ変わる株式市場の解説を追うのと違って、一度理解すればずっと役に立つのがこの知識だからね。必要にして十分な投信知識だけを厳選して話していくからついてきて。

前に基準価額がどういう計算をされ、どういう意味を持つのかは理解したよね。**資産と口数の割り算**だという話だった。

でも、実際に色々な投信の基準価額を見ると驚くと思う。1000円台のものもあれば数万円台のものもあったりするからさ。

1000円台のは「うわ、安っ！」、数万円台のは「げ、高っ！」って思うかな。数万円の投信よりも1000円台の方が安くて「お買い得なのでは？」と思うだろうか。

はい、間違いです。

基準価額の額、というか水準はまったく気にしないこと。そこに何の意味もないので――。これが正解。

ほとんどの投信は基準価額10000円で誕生する。専門用語では「新規設定」っていうんだけどね、10000円で新規設定され、運用が始まって10100円になったり9800円になったりを、1日1回の変化として繰り返しながら、それぞれの投信は今現在の基準価額になっている。

つまり**「誕生日」が違うんだから、今の水準が違うのは当たり前だよね。**

昨日誕生した投信はきっと10000円に近いだろうし、10年前に誕生してたら3000円かもしれないし30000円かもしれない。

下の図を見て。

Aファンドは誕生してからすぐにマーケットが悪くなってしまって一緒に下がっちゃった。

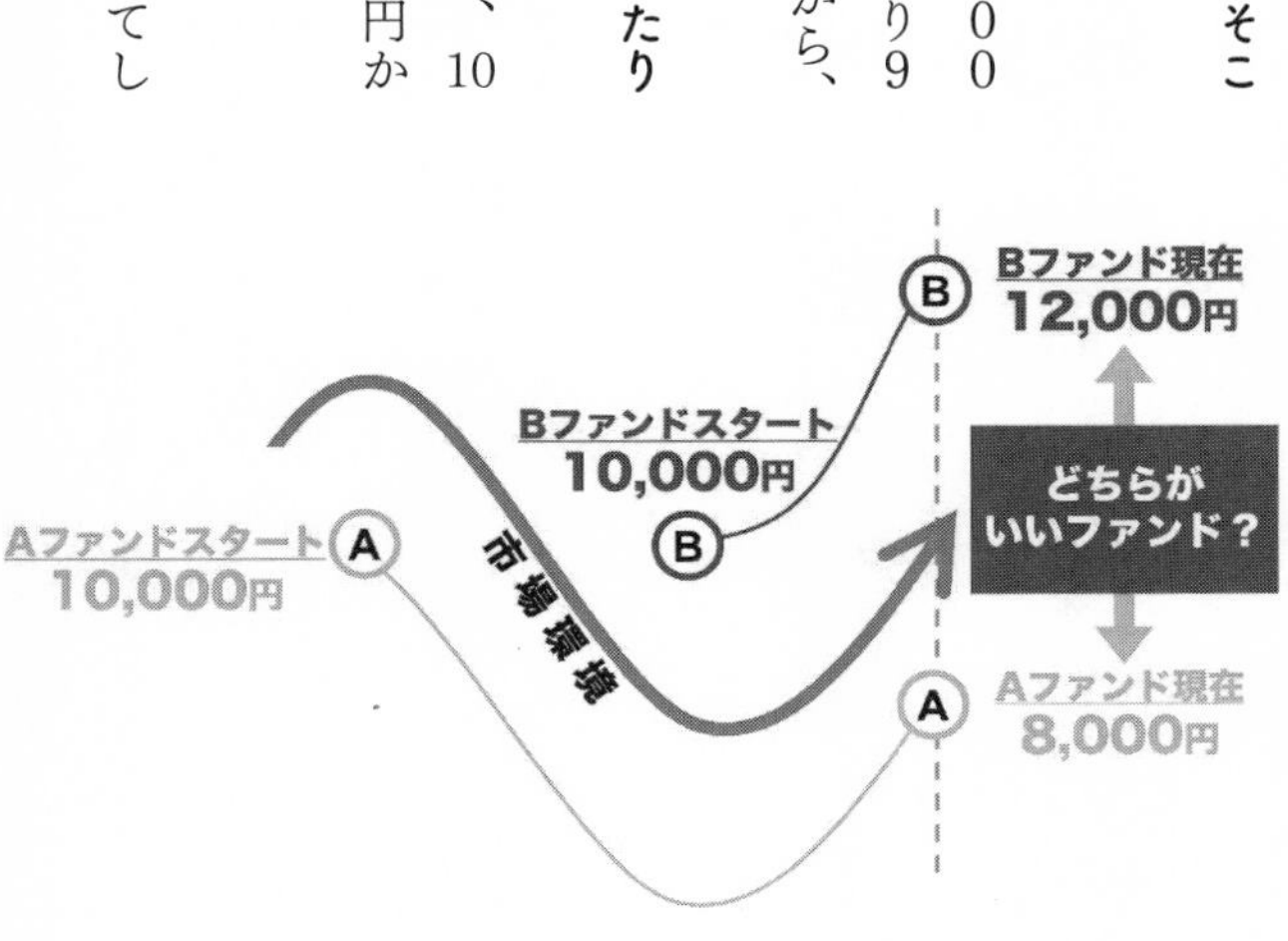

Bファンドは逆にマーケットが底を打って上がる直前に誕生しているね。

さて、共に10000円で始まった両ファンドだけど、Aは今8000円でBは12000円だ。

何が言いたいかはもうわかると思う。**この2つに優劣などない**ってことだよね。両ファンドとも市場全体と同じように動いているだけだから。

さっき話したインデックスファンドだと考えるとわかりやすいかもね。AもBもインデックス、ここでは「市場環境」と書いてあるけど、それと同じ動きができているんだから、両方ともいいインデックスファンドだ。

生まれたタイミングが違うだけで8000円と12000円になっているだけ。

もしこの後に市場が2割上昇するとしたら、Aは8000円の2割の1600円上がるから、基準価額は9600円になるだろうし、12000円のBは2割の2400円上がって14400円になるはずだ。

そして、もし100万円分でこれらの投信を買っていたとしたら、Aを買ってもBを買っても2割増しの120万円になっているはずだよね。

そう、**基準価額の水準には何の意味もない。投資の成果をはかるための「モノサシ」でし**

かないと覚えておいて。

基準価額の変化は「額」でなく「率」で見ないとダメ

ただ、モノサシでしかないと理解していても、ふとチェックした日に基準価額が「－200円」とかになっていると、すっごくビックリするんだよね。

でも「200円」という額だけでは何もわからないんだよな。

10000円の基準価額の投信が1日で200円下がっているなら2％の下落だけど、20000円の基準価額の投信なら1％だもんね。

そう、**基準価額の変化は「額」でなく「率」で見ないと何の意味もない**、ってことを覚えといて。

君たちが口座を開く金融機関のアプリやウェブサイトではきっと、基準価額の変化、騰落率って言うんだけど、それを「－200円（－1.0％）」のように額と率を併記していると思う。

もしそうでない会社だったら、今僕が言ったことを思い出して、頭の中でザックリと「率」に置き換えるようにしてね。

実はウチのウェブサイトは長いこと「額」のみだったんだよね。

それが数年前のリニューアル時に「率」を併記するように変わったんだ。「あぁ良かった、これでビックリする人が減るな」と安心したのを覚えてる。

ところで、僕の今までの経験というか感触としては、**投信の基準価額の1日の騰落率、変化率って、上にも下にも数パーセント台がほとんど**だと思うな。

1日で5％上がったり、5％下がったりすると「お、今日は結構動いたな」と思う感じ。

もちろん投信の中身が何なのかと、その時々のマーケット次第ではもっと動くので、あくまで印象論としての数字だけどね。

この数字は株式ファンド、つまり中身が株式100％の投信の場合の感覚かな。

中身が株式100％でなく「クッション役」的な効果を期待した債券も一緒に入っている、いわゆる「バランスファンド」の場合だと、1日の値動きはもっと小さくて、1％以下とか大きくても2％台とかのイメージかな。

これも細かな商品性によって違うんだけどね。

どうだろう。「意外と動かないんだな」と思っただろうか。

そうなんだよね、個別の株式は1日でその何倍も動いたりするから、いわゆる「株って怖い」っていうイメージと比較する限りにおいて、投信は確かにマイルドではある。

「率」のチェックもほどほどに

個別株式への投資から見てマイルドな理由は、**投信とはそもそも最初から「中身」が分散される商品だから。**

株式100%の投信で、少ない場合で30から50銘柄くらい。多くて100から200銘柄くらいが組み入れられている。ファンドの設計思想によって違いはあるけど、まぁ結構多いわけ。

つまり、ある銘柄が1日でドンと20%上がったとしても、50から200銘柄くらいが入ってるってことは、その銘柄のすごい上昇の「パワー」は薄まっちゃうわけよ。

もし100銘柄が濃淡付けず均等の比率で組み入れられている投信だとしたら、その銘柄の20%の上昇は100分の1の0・2%の上昇インパクトしか、その投信に与えられないわけだよね。

だから投信を使って「一発当てる」大儲けなんて、そもそもできないの。

だから毎日基準価額をチェックするなんて、そもそも意味のないことだと思ってほしいのよ。

もちろんさっきの1日5％とか1％とかっていう数字は単なる僕の感覚でしかなくて、日によってはもっと動くし、1日では1％しか動かなくても毎日続けばそれなりなわけなので、「投信の値動きは小さいから安心しなさい」と言い切りたいわけでは決してない。

それでもやっぱり、**基準価額の変化の「額」を毎日チェックして、あれこれ悩むのはやめた方がいい。**

前にも話したけど、夫婦でオープンに同額で取り組んで、それを例えば毎月1回、日にちを決めて2人で軽くチェックするとかで十分じゃないだろうか。で、年末にじっくりと一緒に見るって感じ。

「今月このファンドは○％下がっちゃってたんだね」「でもこれは○％しか下がってないね。やっぱ商品性が違うからなんだねー」なんて会話ができたらいいなぁ。

うん、すごくいいなぁ。めちゃめちゃいいなぁ。

12 「口数」だから難しいんだよね

投信は「口数」で買う

投信の基礎知識の話が続いちゃったけど、それはそれで飽きてきたかな。

でももう少しだけしておきたい話があるんだ。**「投信は口数を介して考えますよ」**っていう基本的、かつ大事な話をします。

まずは結論から。例えば100万円で基準価額10000円の投信を買ったら、君たちは「100万口」を取得することになる。「100万口を取得」なんて言われると急に難しく感じるよね、きっと。はい、こういう計算です。

「購入金額」100万円を、買う投信の「基準価額」で割り、最後に1万を掛けて出た答えが、100万円でゲットした口数、今回

(例)

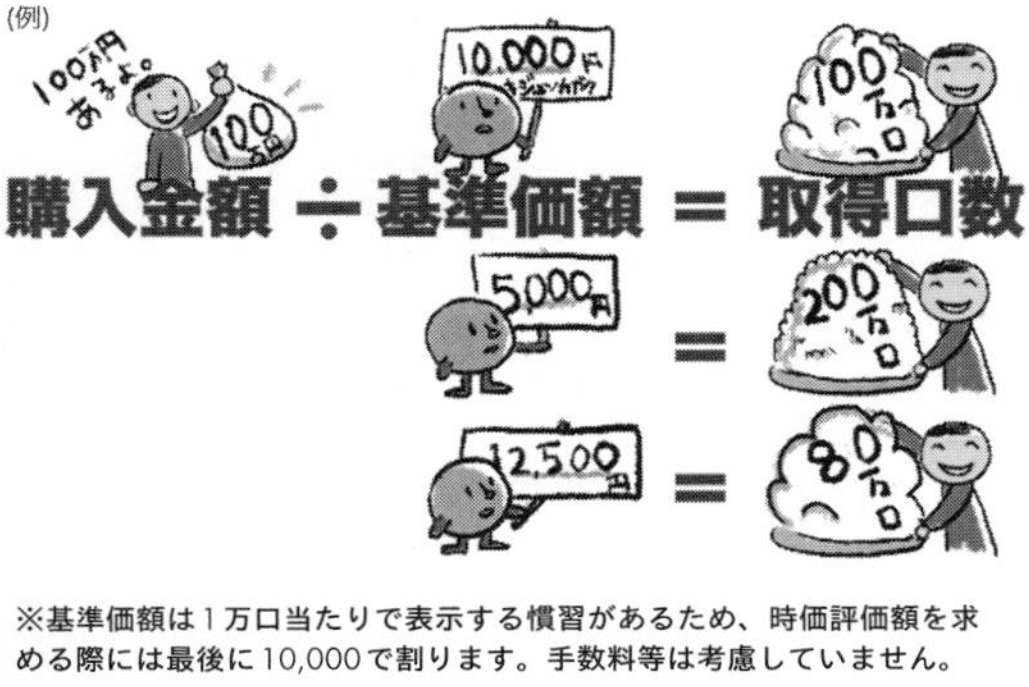

※基準価額は1万口当たりで表示する慣習があるため、時価評価額を求める際には最後に10,000で割ります。手数料等は考慮していません。

の購入による「**取得口数**」だってことだね。

最後に1万を掛けたのは、元々基準価額というのが「1万口当たり」で表示する慣習になっているせいなんだよね。

基準価額の計算は、投信の資産の時価と保有者の全口数との割り算だったよね。その割り算の答えは当然「1口当たり」の投信の価値なわけだけど、それに慣習的に1万を掛けて「1万口当たり基準価額」っていう表示をしてきた歴史があるのよ。

なので、「口数」を計算する際にも最後に1万を掛けないといけないわけ。

変わらない口数と、日々変わる基準価額

さっきは基準価額が10000円だったので取得口数は100万口だったけど、同じ100万円でも、もし5000円の投信を買ったのなら100万円÷5000円×1万で200万口を取得することになる。

もし基準価額12500円の投信なら100万円÷12500×1万だから、取得口数は80万口ってことだよね。

もちろん取引金融機関のウェブサイトやアプリを見ればこの口数は載っているので、自

分で計算する必要はないよ。

でも**載っている数字の意味を知っているかどうかはすごく大事**で、ずっと役に立つ知識だと思う。だからもう少し辛抱して聞いといて。

さて、買う金額とその投信の基準価額との割り算によって取得口数が決まるということだけど、この口数は、今後君たちが投信を一部売却したり、同じ投信を買い増ししたりしない限り変わりません。

厳密には「分配金の再投資」ってヤツが行われた時には口数が増えるんだけど、今それを話すと混乱すると思うのでやめとくわ。

ところで今言った「一部売却」って少し専門用語っぽいね。

投信って、買った後は自分で売るまで持っていられるわけよ。定期預金みたいな「満期」はないのが普通なので、ずっと持っていればいいわけ。

それでも**多くの場合は「1万円分」など、金額指定で部分的に売ることができる**。これを一部売却とか部分解約とか言う。

ちょっと話がそれるけど、毎月の積立以外の投信の買い方について、大金で一度にドンと買って、売る時もエイヤ！　と一度で全部売るしかないと思っている人が多いんだよね。

全然そんなことなくて、100万円のまとまったお金で投信を買いたいと思ったとしたら、**50万円ずつ日を2回に分けて買ってもいいし**、売る時も**必要な金額分だけを売ればいい**んだよ。

個別の株式の場合は、100株とか1000株など、銘柄ごとに決まった最低株数単位でしか売買できないので不自由なんだけど、投信は何たって「口数」を介して売買する仕組みだからね。

そして、この基本「**変わらない口数**」に、「**日々変わる基準価額**」**を掛け算したのが、君たちが持っている投信の時価評価**ってことになる。ここ大事。

さっきは買う時の基準価額によって取得口数が100万口だったり200万口だったりしたじゃない。

でもその口数の多い少ないは実はどうでも良くって、**大事なのは「買った後にその基準価額がいかに上がってくれるか」だけ**なんだよね。

買った後に、「しばらく忘れてたけど、この投信の基準価額は今

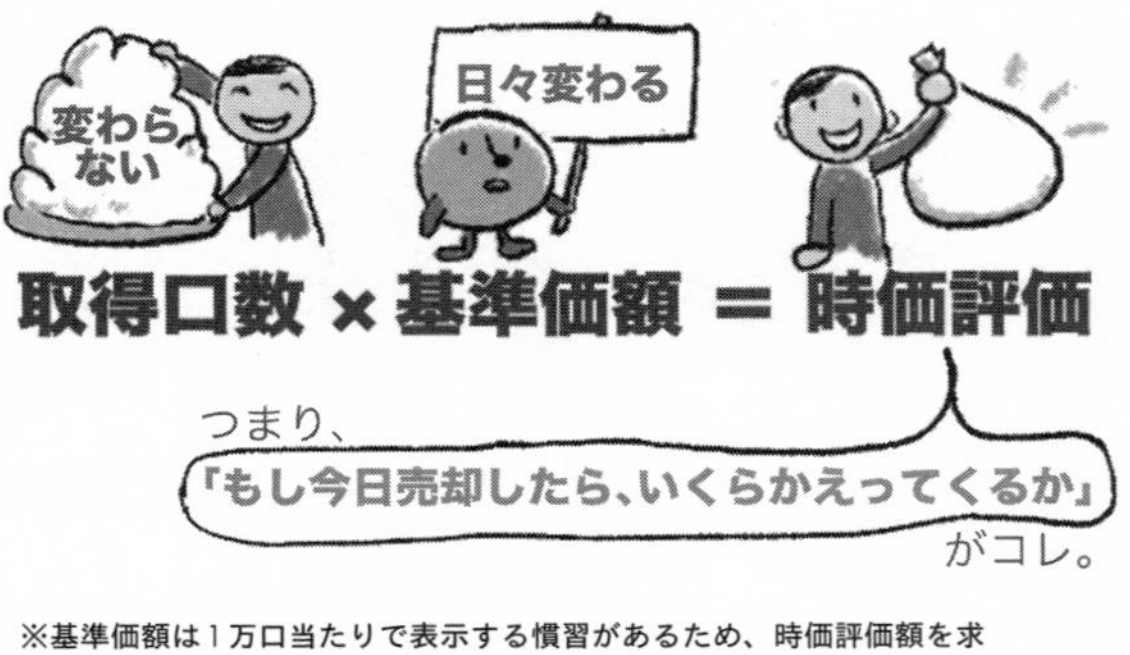

変わらない
日々変わる
取得口数×基準価額＝時価評価
つまり、
「もし今日売却したら、いくらかえってくるか」
がコレ。

※基準価額は1万口当たりで表示する慣習があるため、時価評価額を求める際には最後に10,000で割ります。手数料等は考慮していません。

いくらかしら。私の投信はいくらになってるかしら」と思った時、もし基準価額が１２００円なら、保有口数に１２０００円を掛けてやれば時価が出るわけだ。

１００万円で基準価額１０００００円の投信を買って取得口数が１００万口だったケースなら、１００万口×１２０００円÷１万の１２０万円が時価評価ってことになる。

こんな風にして、**保有投信の口数は、基準価額を掛けて時価を出す時に使われる。**

「変わらない口数」に「日々変わる基準価額」を掛け算することによって、君たちの保有投信の時価は計算される。

積立における口数

「取得する口数の多い少ないに損得はない」って話をしてきたわけだけど、投信積立における口数について、少し補足をしておくね。

僕自身の若い頃からの24年の積立の話をしたよね。実はあの時にも口数の話をしたんだけど覚えてるかな。

積立をしている投信の基準価額がどんどん下がったんだけど、僕は構わず毎月の積立をやめなかった。そのおかげで最終的に大きなリターンを得たよ、っていう自慢話だったたよね。

そうなった理由が、**口数を効率的に溜め込んでいたこと**にあるよって話だった。

今回話したのと同じように、**毎月の積立で取得する口数も「購入金額÷基準価額」**で決まるんだよ。

毎月5万円の積立なら、毎月、毎月「5万円÷その時の基準価額」の計算結果としての「取得口数」をゲットしていくわけ。

それが毎月累積的に積みあがっていく。だから積立をしている間は、毎月口数は増え続けていく。一部売却をしない限り減ることはない、ってことだね。

もし先月よりも今月の基準価額が安いなら、割り算結果である今月の取得口数は、先月よりも多いわけだ。来月もまた下がっているなら、さらに今月より来月の取得口数は多くなる。僕はそんな風にして、結果的に口数をスピーディに増やしていた。

その効果が、のちに基準価額の上昇期にブーストして、ターボがかかって「ワッ」と花開くことに繋がったわけ。

だから、**積立においては「下がることは嬉しいことだ」「今は口数を効果的に増やしているんだ。溜め込んでいるんだ。上がるのはたっぷり口数が溜まったあとでいいんだ」**って思って続けてほしいんだよね。

前にも話したことの繰り返しで悪いけど、口数絡みで思い出しちゃったので一応ね。

13 ずっと使える株式の知識（前編）

物事はシンプルに

しばらく投信の仕組みの話ばっかりしちゃったので、ちょっと元に戻して、**投資の考え方の「原理原則」**の話をしていこうと思う。

原理原則だなんて難しく思うかもしれないけど、そんなことはないから安心して。**シンプル化された本質的な理解があれば、色んなモヤモヤが吹っ切れて、多少のマーケット変動が気にならなくなるよ**、っていう話なの。

僕はもうかなり前にその境地にいっちゃったおかげで、20年以上ずっと投資を続けられ、結果成功している――、少なくとも自分ではそう思えているのは、そんな原理原則の知識があったからだと自己評価しているわけ。それを是非伝えたい。

ここ数年、米国株がとても好調だった。

その結果、何だか積立投資が「神格化」された、って言うと少し大袈裟だけど、「米国株か全世界株にインデックス投資していれば必ず報われる」みたいな、少し宗教っぽいものになっている気がする。

元本が保証されていないものに大事なお金を託す投資は、大きな意味で宗教的な部分がすごく大事だと僕自身も思っているもの の、訳もわからず「〇〇に投資さえしてれば大丈夫」とか、逆に「それ以外は邪道だ」などという人が多いなら、それは少し怖い。

そうではなく、**原理原則の理解をベースに、自分なりに腹落ちをしておきたいんだよね。**

そうでないと僕と同じように20年以上続けることは、きっとできないと思う。

何千本あっても「3×3」のマスで整理可能

まず手始めに、投資信託が対象とする投資資産を下の図のように3×3のマスで整理してみようか。

投資信託が中に入れるモノの種類を「投資資産」とか「アセッ

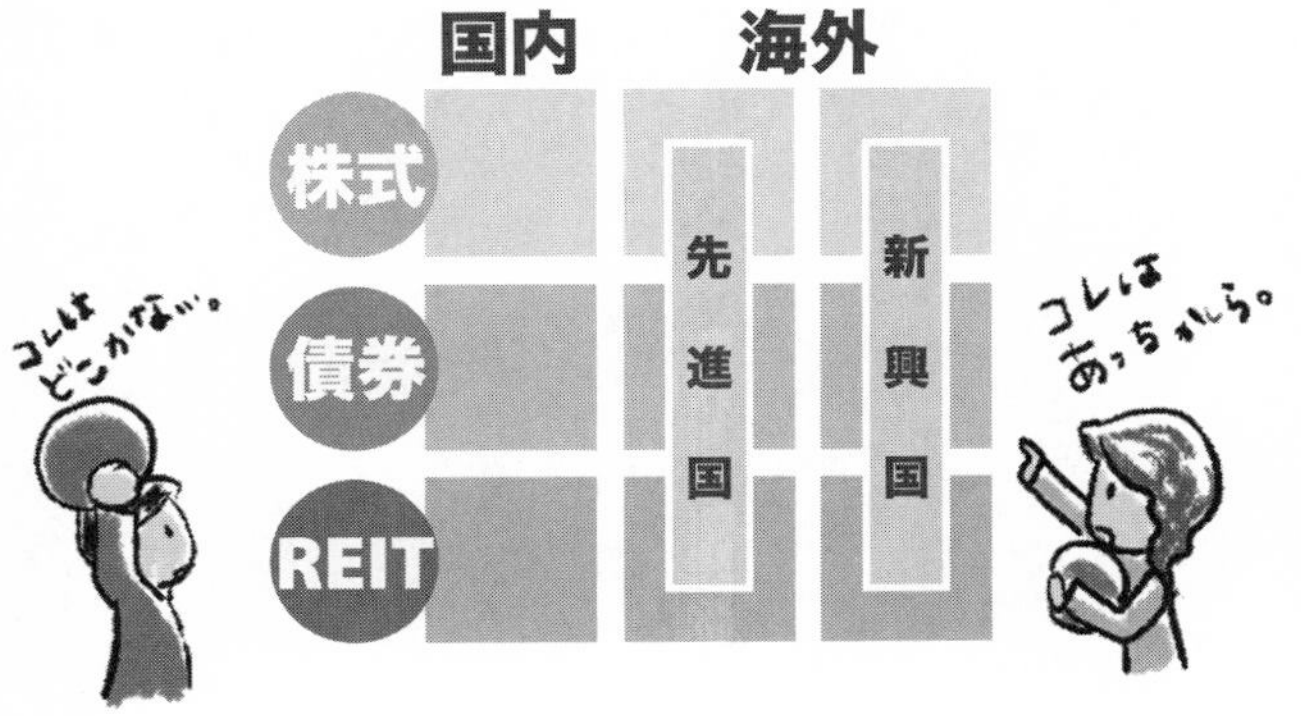

トクラス」とかっていうんだけど、それは**株式と債券とREITの3種類しかない。**

他にもあるにはあるんだけど、僕ら普通の個人にとっては3つだけと思ってて構わない。

そしてそれぞれに**「国内」**と**「海外」**があり、海外は**「先進国」**と**「新興国」**に分かれている。

「株式×国内」のマスは日本株だし、「株式×海外（先進国）」のマスは海外先進国株式っていうことだよね。

世の中には何千本もの投資信託があるんだけど、この9つのマスで理解できるようになるとラクになる。「このファンドはどのマスを塗り潰すファンドなのかな？」ってね。

もし将来的に何本かのファンドを持つことを考えるなら、**このマスを上手に塗り潰すように複数のファンドを持ちたいね。いわゆる分散投資ってやつだ。**

もしたくさんのファンドを持っていたとしても、あるひとつのマスのものばかりだったら、その人は大きな枠組みの中ではまったく分散ができてないことになるわけよ。

少し前に、将来の「人生のハンドル」を握ったイケてる夫婦になっていることを目的としている君たちなら、当面は株式100％の投資信託でいいよ、アセットアロケーションなんて考えなくていいよ、って話をしたじゃない。

それはつまりこの株の3マスだけでいいよ、って言ってたわけだ。

とはいえ、債券だけ少し説明しとこうか。

日本国債とか米国国債とかの「国債」と、会社が発行する「社債」があるんだけど、買うと半年毎などで利子が受け取れて、満期の日には元本が戻ってくる有価証券なのね。

機能的には預貯金みたいだね。でも債券自体にも値動きがあって、投資信託の中身として入れておくとその値動きが日々基準価額に反映されることになる。

詳しくは説明しないけど、景気が良くなって世の中の金利が上がっていく時なんかにその債券の価格は下がる。ただ、満期には元本が返ってくるという性質から、株式に比べて値動きはかなり小さい。

REITは不動産賃貸業に特化した法人が発行する株式みたいなもので、株式と変わらないくらい値動きが大きいので、今は気にしなくていい。

さて。ということで、しばらくは3つの投資資産のうち、最も大事と言っていい「**株式の原理原則**」の話をしようと思います。

国に投資しているのではない。「企業に」だ

株式ファンドの選び方について、最近こんな声を耳にすることが多い。

「米国は世界のリーダーだから、やっぱり米国株ですよね」「米国には進取の気性があるから」「移民で人口が増える米国は安泰でしょう」「いやいや米国以外の国を入れないとダメ。やはり全世界株インデックスでしょう」「そろそろ新興国もカバーした方がいいのでは？」――。

どうも「国家ベース」の言い方がデフォルトになっているようで、僕はとても違和感を覚える。

どんな株式ファンドであっても、投資している対象は「国家」ではなく、1社1社の企業なんだよ。

それぞれの社員が毎日働いているその会社の株を、その投信を通じて買うかどうかっていうことであって、決して国家の魅力や成長力といった「国力」みたいなものでザックリ議論できるものではない。

当たり前だけど、米国の中にも投資対象として有望な企業もあれば、そうでない企業もあるはずだよね。

その当たり前を忘れちゃダメ。**国が魅力的かどうかと、その国に籍を置く企業が投資対象として魅力的かどうかは別の話**だから。

ここ数年の米国株のインデックスがとてもいいリターンを生んできたのは、国が素晴らしかったからではなく、**そのインデックスの中で大きな比率を占めていた企業の株価が、「そこからさらに」上がっていった結果に過ぎない。**

具体的には**GAFAM（ガーファム）**と呼ばれる企業。

知ってるかな、Gはグーグル、実際はその親会社であるアルファベットという企業で、Aはご存じアマゾン、Fはメタって名前に変わったフェイスブック、君たちにはインスタグラムの会社と言った方がいいかな。もう一回のAはアップルで、最後のMはマイクロソフト。

このGAFAMというニックネームまで付いた巨大IT企業たちは、株価が高くて流通している株式の数も多いので、その掛け算である「時価総額」という、いわば株式市場での存在感が元々めちゃくちゃ大きい企業だった。

そしてそれらの株価がここ数年ずっと好調だったから、時価総額の大きさでウエイト付けして算出する指数である**S&P500指数とかナスダック指数は、その「GAFAM効果」**

を受けて、指数として大きく上昇した。

つまり米国が国家として素晴らしかったのではなく、ＧＡＦＡＭが非常に素晴らしかったということなのよ。

そこに、Ｓ＆Ｐ５００やナスダックという指数の算出方法が、時価総額の大きい銘柄の影響を受けやすい方法だったたってことが重なっていたわけだね。

もしＳ＆Ｐ５００が５００社の単純平均で算出する指数だったとしたら、Ｓ＆Ｐ５００はここ数年こんなに上がってないだろうな。

ＧＡＦＡＭたちのせっかくの株価上昇も、それぞれ５００分の１のインパクトしか持たないんだから。

なんか米国インデックスやそのインデックスファンドの悪口を言ってるみたいに聞こえたかもしれないけど、そうじゃない。

米国はもちろん、海外の株式のインデックスファンドは、日本に住み、日本の企業からお給料をもらっている僕たちにとって、賢明にして有力な選択肢だ。

前に見せた僕の企業型ＤＣの中身が海外株式のインデックスファンド１００％だったのを覚えてるかな。

円グラフが円グラフになってない、一色だったやつ。僕も大事な企業年金を、海外株のインデックスファンド一択に任せてる。

僕が伝えたいのは、**曖昧な国家ベースで緩くとらえないようにしようね**ってことだ。国家ベースで期待したり失望したりするのは、何だか世界経済で投資を語っているみたいでカッコいいんだけど、実はあまり意味はないってこと。

株式投資はいつでも、どんなかたちにおいても、**国家でなく個々の企業への投資**。もっと言うと、**その企業の「ある株価」での投資が正解かどうかが問われるもの**だ。どんなに素晴らしい企業であっても、その価値よりも高い株価で買ってしまったらいい投資にならないという意味なんだけど、次で説明するね。

14 ずっと使える株式の知識（中編）

そもそも、どういう理屈で動くわけ？

君たちの勤めてる会社がいわゆる上場企業なら、その株式は毎日証券取引所で取引され、株価が上がったり下がったりしているはずだ。

東京証券取引所は朝9時から午後3時までオープンしていて、**買う人と売る人の希望する株価がマッチすれば株価が動く。**

例えば次の絵。

株価は今1000円だ。売りたい人は少しでも高く売りたいから、1100円のところに5000株、1200円のところに1万株の売り注文が出ている。

逆に、買いたい人は少しでも安く買いたいから、900円で1000株、800円で5000株の買い注文がある。

この状態から、もし売りたい人も買いたい人も一歩も譲らなかったら、今日は15時まで株価は「不成立」で1000円のまま終わってしまうんだよね。

今日の終値は1000円です、と。

でも、1100円で5000株の売注文を入れている人が、どうしても今日中に売らないといけない人で、「もう900円でもいいや!」って注文を変更したら、その瞬間に株価は900円に動く。買いたい注文の900円とマッチするから。

でも5000株の売り注文の人は1000株分しか売れないよね。900円の買い注文は1000株分しかないんだから。

するとこの人は、「くそ! あと4000株はもう800円でもいいや!」とまた注文を変更する。すると株価は800円にカチっと動く。

どうかな。かなりラフな説明だけどわかったかな。

株価って、こんな感じで売りたい人と買いたい人のせめぎ合いで動いてるわけ。

この絵では900円と800円に買いたい人の注文が入ってたか

売り
1,200円なら
10,000株売りたい。
1,200
1,100円なら
5,000株売りたい。
1,100
1,000
←イマココ。
900円なら
1,000株買いたい。
900
800円なら
5,000株買いたい。
800
買い

らいいけど、もし買いたい人がいなくて、「ダメ元」で500円のところに注文入れてる人しかいなかったら、どうなるだろうか。

この売りたい人がシビレを切らして「売れるならいくらでもいいわ!」って注文に変更したら、1000円の株価はいきなり500円になっちゃうんだよね。怖いよね。

でもそういうことが起こるのが「なんとかショック」の時なんだ。

何としてもすぐに売り切りたい人ばかりになり、買いたい人が消滅してしまう時、株価は普段では見られないような下がり方をする。

逆もそう。誰も売りたがらなくて、買いたい人が多少高くても買いたいとなった時、株価は真空地帯を駆け上がるように上がってしまう。

つまり株価は**買いたい人と売りたい人の単なる「需給」で動いている**と言える。

自分の仕事の世界をこんな風に言うのは少し嫌だけど、あえて言うと株式市場なんて**しょせんはセリの市場**みたいなものだ。

その時々で買いと売りのどちらが多いかだけで上がったり下がったりするものでしかない。

もうひとつの株価

でも**僕らはそうしたセリのオークションゲームをしているわけではない**、ということはもうわかってるよね。

僕らのゲームのルールはまったく違うんだけど、ただそれが行われている場所自体は、ミクロの目で見る限り需給のみで動くセリの市場だってことだ。

そんなフラットな理解の上で、でもしっかり持ってもらいたい「原理原則」の理解は下の絵の通り。

上がったり下がったりとクネクネしてる線が実際に目に見える株価。僕らにはこれしか見えない。

さっき言ったように「需給の株価」とでも呼べるものだよね。でもこれとは別に**目に見えない、いわば「企業価値の株価」**があると思ってほしい。

ちなみに、この「需給の株価」も「企業価値の株価」も一般的な言葉じゃないので悪しからずなんだけど、もう僕は長いことこの言

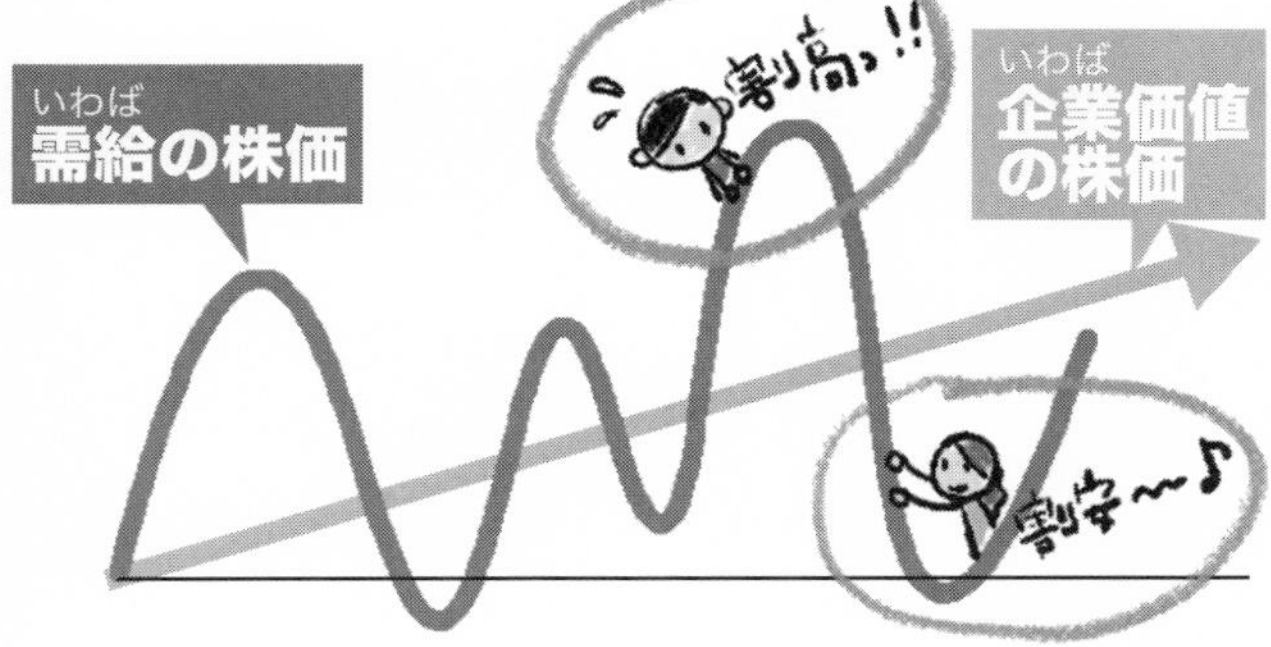
いわば
需給の株価
割高っ!!
いわば
企業価値の株価
割安〜♪

葉を使ってる。

「企業価値の株価」は着実に右肩上がりをしているが、「需給の株価」はその上を行ったり下に落ち込んだりしているね。

株価は本来、企業価値を反映して「企業価値の株価」のようであるべきなんだが、**実際は売りたい人と買いたい人のその時々の「勢力」によって、上に行ったり下に行ったりが起こっている。**

いやいや、企業価値通りの株価通りであることなんて滅多になく、必ず上だったり下だったりしていると言った方が正確かもしれないな。

本来あるべき「企業価値の株価」の線が目に見えないんだから仕方ないよね。**投資家が皆で、その企業の「あるべき企業価値通りの株価」をそれぞれに推し量って値段を付けにいっているのが、現実の株式市場**ってことだな。

「企業価値の株価」より株価が上の時は「割高」な株価なので、できればそういう時には買いたくないし、「企業価値の株価」より下に落ち込んでいる時は「割安」なので是非買っておきたい。

それを考えるためのモノサシ、つまり今の株価が果たして「企業価値の株価」のどの程度上なのか下なのかを測る概念のことを総称して「バリュエーション」と言うんだけど、まあ割高割安を測る指標、みたいな意味かな。

そういえば「企業価値の株価」って言葉を説明もなく使ってきたけど、何だろうか。

企業が持っているビルとか工場とかの資産も企業の価値だろうし、そこで働く社員とかブランドみたいな目に見えない価値もすごく大事そうだ。

でも**株式投資においては、企業の価値はその企業が稼ぎ出した「利益」にひとまず集約されていると考える**んだよね。

つまり、割高か割安かという話は、企業が稼ぎだした利益に対して今の株価は上なのか下なのか、どれくらい上なのか下なのかということになる。

株価は「利益×ムード（PER）」

バリュエーション（割高割安）指標のうち、ひとつだけ、**PER**（ピーイーアール）というのを覚えておくといいと思う。

Price Earnings Ratio の頭文字なんだけど、Price は株価、Earnings は利益、Ratio は倍率っていう意味だな。つまり、その企業の今の「株価」を、**その企業が稼ぎ出している、あ**

るいは今後1年間で稼ぐと予想される「利益」で割った数字がPER。

株価は元々1株当たりの値段だからいいとして、利益の方は企業が売上から経費とか社員の給料とか税金とかを全部引いて残った最終の利益を、世の中に出回っている株式の数で割った「1株当たり利益」というやつにしてから割り算をしたのがPER。

急に専門的な話になって申し訳ないんだけど、これを深く説明したいわけじゃなくて、**株価っていうのが、利益で代表される「企業価値」に対して何倍かの倍率をもって取引されているんだな**ってことがわかってもらえるといいかなと思う。

このPERは歴史的に見て15倍くらいなのが普通。

ある企業の1株当たり利益の15倍くらいの値段が株価に与えられてるのが妥当、さっきの絵で言うと15倍のラインが「企業価値の株価」の線だと考えるわけだ。

この時に、もし20倍とか30倍という株価で取引されている瞬間があったら、「『企業価値の株価』の線よりずいぶん上に行っちゃってるんじゃないか？」と

$$\text{PER}\ (\text{単位：倍}) = \frac{\text{株価}}{\text{1株当たり利益}}$$

思い、10倍の株価の時は「今は『企業価値の株価』の線より下で割安かも?」となる。

さて、この式を展開すると下のようになるよね。はい、昔の算数を思い出して。

株価とは、その企業の利益にＰＥＲを掛けたものだ、という意味だよね。もっと「意訳」するとこう（次ページ）なる。

そう、**PERって市場のムード**なんだよね。

セリに参加している色んな人が作り上げるその時々のムード。

皆がイケイケの時はムードがいいからＰＥＲは高まる。何かあって皆がショボーンとする時はＰＥＲが萎んでしまう。

ＰＥＲが萎むとどうなるだろう。

この式で明らかなように株価は下がるよね。そう、利益は何にも変わってなくても！――**これが言いたかった原理原則**なんです。

市場では毎日「セリ」が行われてるんだけど、それは**ムードの伸び縮みでし**

株価＝利益×PER

かないことがほとんど。

だって君たちの会社の業績って昨日と今日で変わらんでしょ。

1時間前と今とで変わらないよね。

でも株価は今もカチッと動くよね。

これは投資家が作るムードの伸び縮み、PERの伸び縮みだ。**僕らが過度に気にすべきものではない。**

逆にムードは一定の時に、その企業の利益の見通しが下がった場合にも株価は下がる。**これはマズイ株価下落**だよね。

今日も日経平均株価が上がった、米国のニューヨークダウ平均が下がった、などとニュースは教えてくれる。

でもそれが単なるセリ市場におけるムードの伸び縮みなのか、はたまた利益見通しの変化なのか――。その見極めは簡単じゃない。

でも**この違いの認識があるかどうかは、今後長きにわたって株式ファンドと付き合っていく上ではとっても大事なこと**なんだよね。

株価＝利益×ムード

15 ずっと使える株式の知識（後編）

「連想ゲーム」に付き合う必要はないけど……

さっきは、株価なんて売りたい人と買いたい人との「需給」で決まっているに過ぎない、いわば**「需給の株価」**なんだって話をしたよね。

でも同時に、目には見えないんだけど**「企業価値の株価」**とでもいうべきものがあって、僕らはそちらこそを見ているべきだ——ということを伝えたつもり。

実際株価は時々刻々と変わるが、その企業の価値が時々刻々と変わってしまうわけはないわけで、つまりニュースで騒がしい株価の変化の多くは、市場参加者のマインドが「イケイケ」なのか「ショボン」なのかの**「ムード」の伸び縮みでしかないんだ**という話と、**PERというそのムードを測る「モノサシ」**の紹介をした。

つまり僕らは、次ページの絵のような「日々のムードを醸成する人たち」と同じものを見ている必要など、まったくないということだ。

確かに、現在の株式市場には世界中からたくさんのこういう人たちが参加していて、特に海外の株式市場においては、僕ら日本の個人なんてほんのちっぽけな存在に過ぎない。

ウチの会社みたいな一般的な運用会社とはまったく違う「短期投資のプロ」の運用会社とか、アプリで簡単に売買できるようになって増殖した米国のゲーム感覚の個人投資家の存在感が増しているように思う。

彼らは絵にあるように、政治経済のちょっとした動きとそこからの「連想ゲーム」に対して、言い方悪いけど、**政治経済を語った博打《ばくち》**を打っているようなところがある。

「明日発表の米国の今月の失業率が上がれば、米金融当局は政策金利を下げるだろう。したがって〜」といった連想ゲームを、しかも人々の予想の裏をかく先手を打つべく素早く動きまわる。

ちなみに、新聞やネットで目にするエコノミストやストラテジストと呼ばれる人がしている解説の多くは、そういう**市場参**

なんか色々は気にしなーーい!
金利が!
インフレが!
選挙が!
増税が!
財政が!
FRBが!
米中が!
テック株が!
失業率が!
見せてー!

加者の「連想ゲーム」の解説だと言っても言いすぎではないと思う。

だって、昨日は「景気の先行に懸念が……」と言っていた翌日には、何もなかったかのように逆のことを言うわけだ。

そして、米国の金利だったり中国の景気だったりと、その時々でホットなネタはクルクルと変わり、半年もしたらまた全然違うテーマの連想ゲームが解説されているんだよね。

だから**僕らはそんな連想ゲームの解説なんて一切気にする必要はない。**

この絵にあるように、もっと遠くを望遠鏡で見ていればいい。

――なんて格好いいこと言っても、**悩ましいのは「残念ながらマーケットはひとつ」であることだ。**

僕らが持っている投信の基準価額は結局のところ、彼らが動かしてしまう株価によって毎日計算されるわけだからね。

前に説明した通り、1日の最後の株価を集めて計算されるのが基準価額だったでしょ。

残念ながら僕らは、**連想ゲームの結果を受け入れなければならない。**

「残念ながらマーケットはひとつ」——僕らはどうすべきか？

もし、長期投資家専用のマーケットと短期勝負の人専用のマーケットが別々だったらいいんだけど、そうではない。

だから僕らは日々の値動きについて、これは短期投資家がやってるゲームの結果でしかないことを思い出し、**株式の「原理原則」に立ち返ることがすごく大事になる。**

さっき見せた概念図を思い出してほしいんだけど、これ。

「企業価値の株価」はその企業のあるべき公正な、フェアな価値を表している株価。

ただし**実際の株価はその上に行きすぎたり下にも行きすぎたりしている**——ということを示した絵だね。

ちなみに、証券市場に関するアカデミックな学説のひとつに「情報がすぐに広まり、市場参加者が効率的に判断する世界において、市場で付いている証券価格は常に正しい」という考え方がある。

その考え方は、株式市場を時価総額の大きさ順で広く押さえるイ

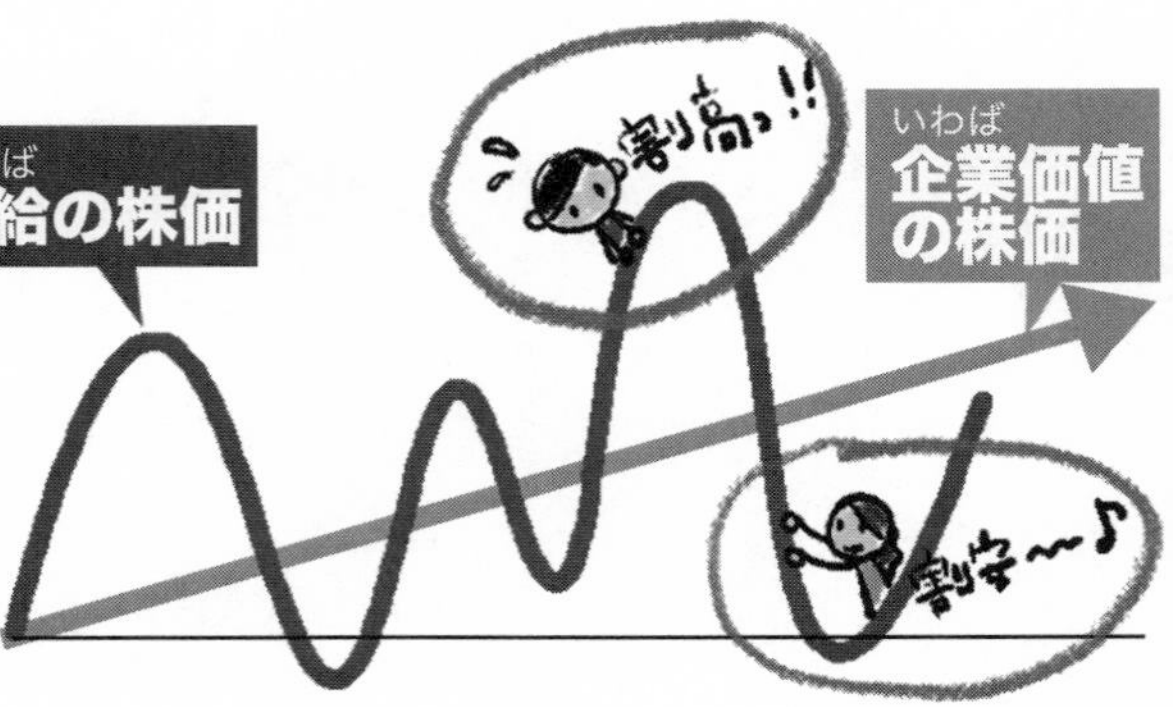

いわば
需給の株価
割高っ!!
いわば
企業価値の株価
割安〜♪

ンデックス投資こそが最適解である――という考え方にもつながっている学説なんだけど、**実際の市場では常に正しい価格が付いているとはとても言えない。**

常に割高だったり割安だったりな価格が付いていると考えるのが現実的だと思う。

でも大事なのは、**長期的にはこの2つはリンクしているということだ。**

上に下にと需給の株価の線はブレるけど、それはメチャクチャに動いているようでいて、**やはり大きくは「企業価値の株価」の線に沿っている。**下のグラフを見てもらうといいかな。

「企業価値の株価」については利益に集約されると考えるのが一般的だって話をしたよね。このグラフは日経平均株価とその中身の企業全部の利益の推移をひとつのグラフにしたもの。

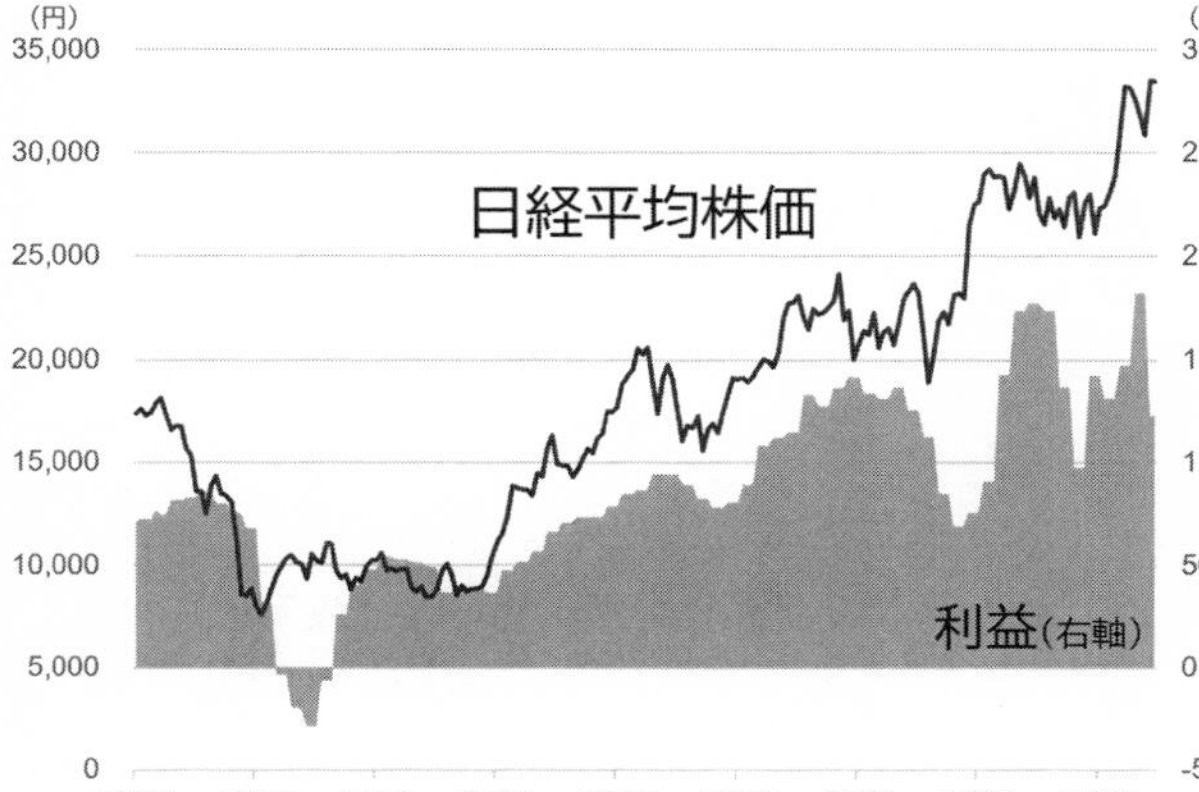

期間：2007年1月末〜2023年12月末。利益：EPS（1株当たり利益）

もうわかってると思うけど、**面グラフの「利益」がさっきの「企業価値の株価」**の線で、**日経平均の線がさっきの「需給の株価」**の線だ。

この2つは長期的にはしっかりとリンクしているよね。割高だったり割安だったりを繰り返しながらも、長期で見れば利益が上がれば株価は上がっているし、利益が減れば株価も下がってる。

個別の企業の株価で調べても同じことが見て取れる。

下の2社はあくまで日本を代表する企業として挙げただけだけど、日々ランダムに動く株価も、**長期では利益という企業価値の変化とリンクしている**ことがわかると思う。

実際はリンクして一緒に動くというよりは、

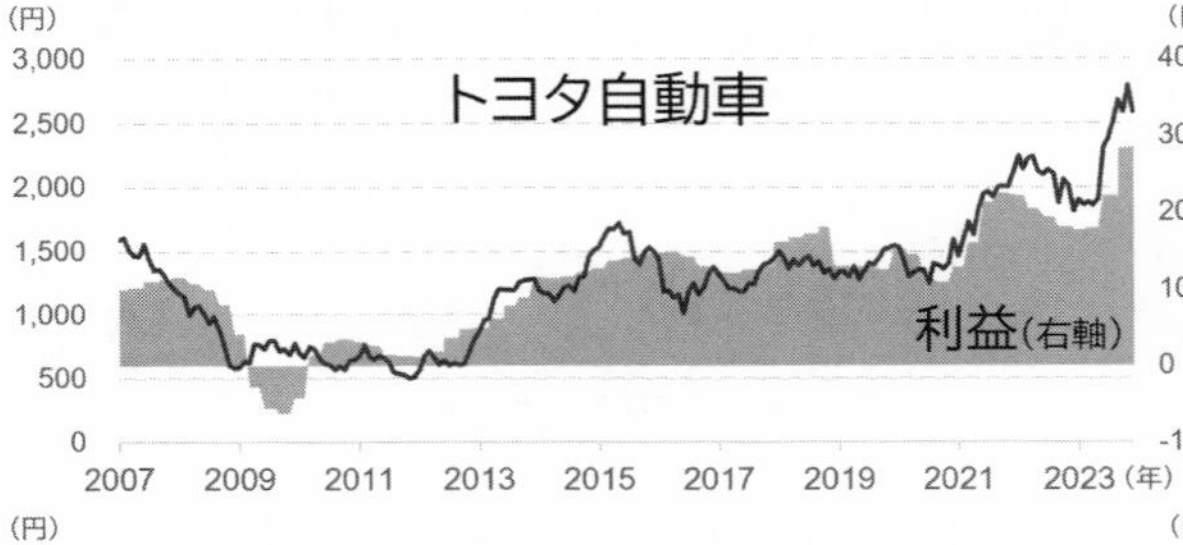

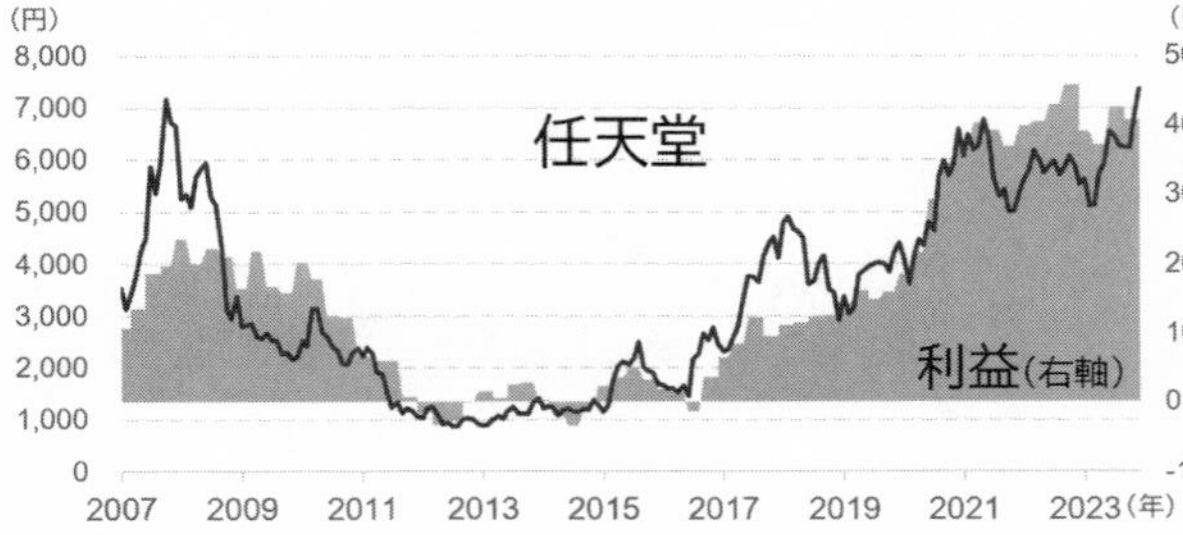

期間：2007年1月末〜2023年12月末。利益：EPS（1株当たり利益）

利益の変化よりも株価の方が先に動くんだけどね。

さっきの概念図に「割高」「割安」の丸を書いたように、誰だってできるだけ割安なところで先に買いたいと思うし、割高っぽいと思ったら早く売りたいわけなので、株価はやはり先読みをしながら動くことが多い。

ということはつまり、「もうこんな最悪な経済情勢なら、株は下がるしかないわ！」と素人の僕らが思う時には、もう株価は上がり始めていたりするわけよ。

「いいニュースなんかひとつもない。こんなに下がっちゃったし、これ以上下がる前に売ろうかな！」と思って売ったりすると、後から見た「大底圏」で売ってしまっていた、という悲惨なことになったりするわけ。

株価形成、企業に対する株価の付き方に関するこの一連の考え方。これは何度でも話したい、**一番大事な「原理原則」**だと思ってるんだよね。

「残念ながらマーケットはひとつ」だから日々の値動きは本当に厄介なんだけど、**長期スパンで見れば「株式ほどシンプルなものはない」**と思ってる。

下がっている時はつらくてやめたくなるんだけど、前に話したように、僕らは曖昧な「国家」ではなく具体的な「企業の活動」に対して投資しているということを思い出し、その

投資先の企業たちが長期的に利益を増やし続けるのかどうかを考えればいい。

だからやっぱり、投信を通じて投資している企業がどんな企業なのかを、大雑把にでも理解しておくことは大事だね。別に個別株投資をするわけじゃないので、難しい企業研究なんかしないでいいいんだけど。

16 企業を応援？ いやいや、そうではなく……

大事なのは「角度」です

株式に関する「原理原則」の話をしたけど、難しかったかな。でも少しだけ補足したいことがあるので、また株式の話になっちゃいます。許して。

「**残念ながらマーケットはひとつ**」なことを受け入れつつも、「**短期の株価はワケわからんが、長期の株価はシンプル**」「**利益が増えていけば、結局株価は上がるんだ**」という原理原則を理解して、需給で動く日々の値動きを無視しようね——という話をした。

そうなると大事になってくるのは「果たしてその利益は本当に増えていくのかどうか」ってことになるよね。

つまり、次ページの絵で言えば企業価値の株価の線の角度が高くないといけない。「角度」とはその企業の成長性のことだ。

この「角度」が最初からマイナスだったら投資しちゃいけないし、「角度」がすごく小さくて利益が増えていかない企業も買いたくはないよね。

あと、途中で「角度」が急にフラットになったり、マイナスになって復活の見込みがなかったりしたら、売らないといけないかもしれないね。

例えば電力とかガスとかの企業はこの「角度」があまり大きくなさそうだ。

でも常に生活に必要という意味では途中からマイナスになる可能性は低そうだよね。為替とか原油価格とかのせいで「角度」は多少は変わり得るとしても、需要は常にあるわけだから。

一方で、勢いある何かしらの業種は「角度」が急な成長産業かもしれないけど、**最初の「角度の精査」つまり銘柄の選別と、「角度の定点観測」つまり定期チェック**がすごく大事そうだ。

何にしても君たちの長期の時間軸のもと、一度はこの「角度」のことを考えてみることが大事だと思う。

ウチの会社はそうしたコンセプトを昔から大事にしてて、**長期**

の「角度」が長期的に高いと思われる投資のコンセプトを「メガトレンド投資」や「イノベーション投資」と呼んでる。

世の中では今、インデックス投資が大流行中なんだけど、そこには「角度」を投資家自らが主体的に考えるという視点はあまりない。

詳しくはまたにするけど、S&P500インデックスとか全世界株式インデックスといった多くのインデックスは「**時価総額加重方式**」といって、「株価×市場に出回っている株式数」の掛け算の大きい順に保有したとして計算されている。

だから今日の株価が高くて、かつ発行済株式数が多い大型株が、インデックスに占める比率が高くなっている。

もちろん今日の株価が高いということは、市場参加者の皆が「角度」が高いだろうと思っている結果ではあるんだけど、それは投資する側が主体的に「角度」のことを考えた結果ではなくて、**もしかしたら市場の「ムード」が高まっているのを反映してしまって**

いる結果なのかもしれない。

前に話した通り、「角度」と同じくらい大事なのは、曲線が直線より上にあるか下にあるかどうかという「割高・割安」の観点だけど、S&P500インデックスとか全世界株式インデックスなど「時価総額加重方式」のインデックスって、この点に少し問題があると言われているんだよね。

市場参加者の「ムード」で付いてしまった株価であっても、時価総額が大きくなった通りそのままに、割高かもしれないその株価のままにインデックスが計算されるから、という意味で。

一方で、この時価総額加重方式のインデックス投資は「市場の平均」を常に持てるという極めて重要な性質があって、だからNISAの対象ファンドとしても多く選ばれている。

君たちにはNISAの上限ギリまでを絶対にやってほしいし、その際に選ぶべきは、これらの株式インデックスファンドでいいと思う。

でも、同時に「**ここから10年20年の時間軸で『角度』が高いのはどういう企業だろう?**」

と主体的に考えるアタマを忘れないでほしいとも思ってる。

そういう視点が持てるのは、長期の時間軸が持てる君たちならばこそ。

だって株式の「原理原則」はそこにあるんだから。**長期で利益を増やしていける企業かどうか**、が長期の株価を決めるんだから。

「応援したい会社か」どうかは実は重要でない

君たちもそうかもしれないが、今はエシカル（ethical／倫理的）な消費が若い人を中心に増えているようだよね。

テレビでもやたら「サステナブル！」って騒ぎ立てている。

投資の世界でも、以前から「応援したい企業に投資しましょう」とか「あなたの投資がその企業を良くし、ひいては世の中を良くします」みたいなことを言う人や運用会社はあった。

でも僕はそういうのにとても違和感を覚える。

株式の原理原則として君たちに持ってもらいたいのは、**「企業を応援」と「自分の投資のリターン」はまったく関係ないというクールな理解**だ。

そもそも僕たちがある企業の株を買ったところで、そのお金はその企業に行かないからね。売った人に行くだけです。直接的な応援にはならない。

少し詳しく説明しようか。

まず株式市場には**「流通市場」と「発行市場」**という2つの市場があるのね。

流通市場っていうのは、日本なら毎日9時から15時まで東京証券取引所で行われている売買の場のことで、**僕らの「買い」と誰かの「売り」がマッチングされる市場**だ。

さっき言ったように、**そこで僕らが払ったお金は企業には届かない。**前に言った「セリ」の市場だから。

一方の発行市場は、東証みたいな物理的な場所ではない**概念的な市場**のこと。ある企業が新たに新株を発行して、それを引き取った証券会社が投資家に「新株買いませんか～？」と投資を募る一連のプロセスのこと。

企業は新たに資金が必要になったら、多くの場合まず銀行に借りることを考えるよね。

一部有力な企業は、銀行に借りて利息を払うくらいならと、自ら債券を発行して投資家からお金を集めようとする。「○○企業債、10年満期、利率年○%」みたいな感じで募集が行われるの。

さらに一部の企業は、債券でなく「新株」を発行して資金を調達しようとするわけ。債券を発行すると毎年の利息の支払いと満期時には元本を返済しないといけないけど、新株を発行してそれを買ってもらったら、満期はないから返済義務もないからいいよね。これが発行市場。

もし君たちがこの企業の新株発行に応募して代金を入金したとしたら、そのお金は今度こそ、その企業に届く。

そのお金はきっと有意義に使われるから「応援」したことになるよね。社会にとっていいことをしてる企業の新株を買いたいね。

でも一般の人にとって、そういうことができる機会は多くない。

「企業を応援」とか、社会にいいことをしている企業に投資するのがいいことだ、みたいなマーケティングワードに惑わされない、確かでクールな理解を持っておきたい。

大事なのは、「**残念ながらマーケットはひとつ**」だけど、短期投資の有象無象たちを無視して**長期視点の**「**原理原則**」を胸にどっしりと構え、その代わり**自分の投資がどんな**「**角度」を期待して行っているものなのかを考えるアタマを持つ**――これに尽きるな。

具体的なアクションとしては、NISAのつみたて投資枠は世界の株式などに大きな順に投資するインデックスファンドで押さえ、その時価総額加重方式インデックスのメリットとデメリットを理解した上で、**「本気の積立」の金額にするための追加の積立原資については、しっかりと「角度」の観点から投信を選び抜く**ということだと思う。

後者は口で言うほど簡単じゃないので、そのうち詳しく話そうと思う。

17 悪いけど投資に「複利効果」なんてないから

自分で理解できることだけでOK

投資って宗教みたいなところがある、って話を前にしたじゃない。

元本保証じゃなく、結局は運に左右されるという意味では何かを信じるみたいな部分は大事だという話。

でも、**自分で理解できないことを信じようとする必要はない。**

例えば「投資には『複利』の力が重要です。複利はアインシュタインが人類最大の発明と言ったくらい重要なことです」みたいな話がある。

何だかカッコいいけど、意味わかるだろうか。

そもそも「複利」なんて知らないよね？　うん、無理しないでいいから。

今は高校で投資を学ぶようになったらしいから常識になるんだろうけど、君たちは知らなくて当たり前だ。

こういうこと。

1年目に出た利息を放っておかずに、元本に加えて2年目も運用すると雪だるま式に増えるよ。長期になればなるほど恐ろしいほどの差になるよ——。はい、これが複利の一般的な説明です。

ただしここには重要な前提が2つあって、まず**「利息」が固定**。

例えば年利3%なら、100万円預ければ1年後に3万円付きますってことと、もうひとつは**毎年あるいは毎期、その利息はずっと受け取れる**ということ。

そう、つまり**「複利」って基本、預貯金における利息の取り扱い方法の話**なんだよね。

銀行に定期預金を預けに行ったら「どちらにしますか?」と聞かれる類の話なわけ。

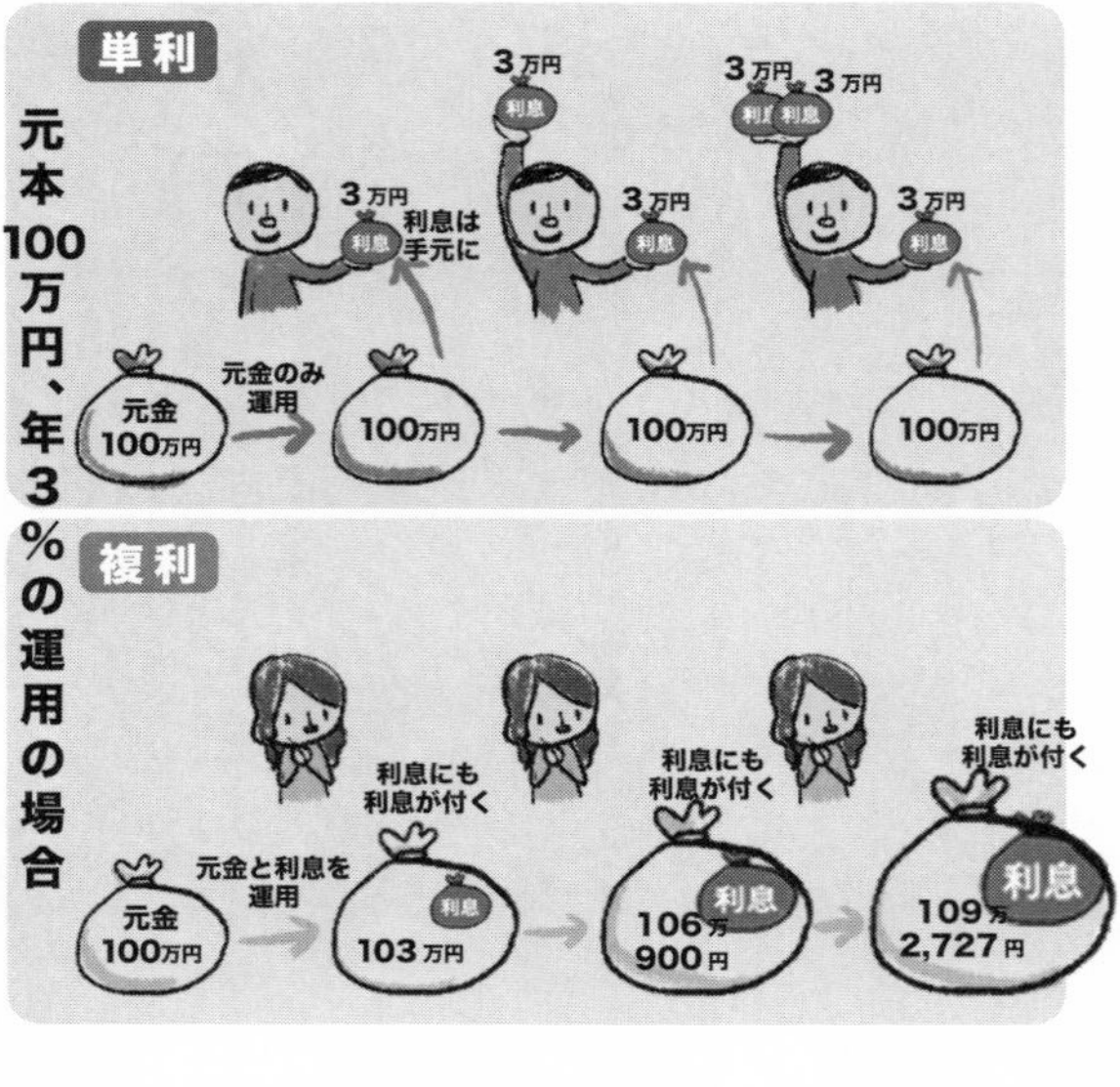

一方、**僕らがずっと話してきた投資には、この2つの前提がまったく当てはまらないよね。**というか真逆だ。

定期的で固定の現金が出てくるものではないし、1年などに区切って考えてみたところで、プラスの年もあればマイナスの年もある。

だから**投資に「複利の力がスゴイ」などといった話を持ち込んではいけない。**

でも投資教育的なコンテンツには「複利の力を活かすために長期投資を！」と書いてあったり、ネット上では「何年くらいから複利効果が効いてくるのでしょうか？」みたいな質問を見かけたりする。

最近では「ＮＩＳＡで複利効果を期待するには早めに上限まで埋めた方がいいんですよね？」みたいな話題も目にする。うん、それぞれ色んな点で修正が必要だ。

まずはずっと使えるリターンの計算式を教えよう

何度か話してきたように、**投資におけるリターンとは極めてシンプルで、「買った時と売った時の差」**なんだよね。物事を難しく考えてはいけない。

買った時と売る時の2時点が大事であり、**ずっと上に下にと動くだけのその途中に複利も**

単利もない。

そういえば、その前に基本となるリターンの計算方法を教えてなかったな。

これはすごく大事で、色んなことを自分で納得するベースになるので是非こういう風に覚えてほしい。

はい、「**今÷前－1**」。これを覚えとけば一生役に立つよ。

急に言われても困るか。少し説明するかね。

例えば100万円が120万円になったら「リターン」は何％？

馬鹿にするなって顔してるな。そうだよね、20％ってすぐわかるよね。じゃあ80万円が135万円だったらどう？

すぐは答えられないでしょ？　じゃスマホの計算機で計算してごらん。どう？　すぐに式が浮かぶだろうか。

こういう計算になるんじゃないかな。

まず利益はいくらか。80万円が135万円に増えたんだから135－80で55万円だよね。

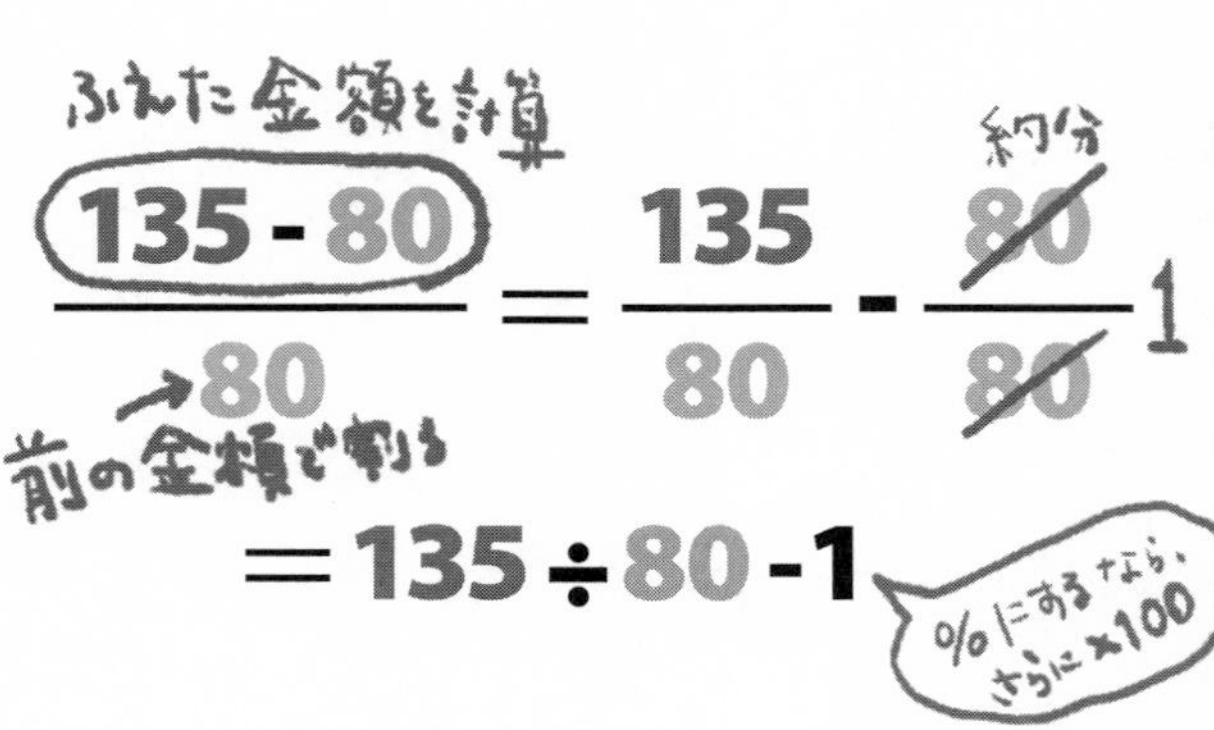

それが「元本」の何パーセントに相当するかがリターンなので、55万円を最初の80万円で割り算すればいいよね。つまり135－80を80で割ればいい。

そしてこの式は右下のように約分されるので、最終的には135÷80－1と簡単にできるよね。

なんか懐かしいな。小学生の時にさ、苦手な算数を頑張ろうって朝に早起きして一緒に勉強したよね……。

――と感傷に浸ってても気持ち悪いので結論。

投資のリターンが何パーセントだったかは、「今」つまり135万円を、「前」つまり当初元本の80万円で割って、その後に1を引くことで求めることができる。

135÷80－1＝0・6875なので、パーセント表示なら100を掛けて68・75％、つまり80万円が135万円になった投資のリターンは68・75％と表現されるわけだ。

はいこれ、絶対覚えておいて。

投資の場合はリターンがプラスのことばかりじゃなくマイナスのリターンってのもあるので、どちらでどちらを割り算するかを間違えると大変なの。

だから僕は今でも、エクセルで計算する時なんかは、必ず心の中で「今÷前」って言いながらやってる。で最後に必ず1を引く。「今÷前－1」と覚えておけば間違いない。

これって、どんな投資にも共通する基本の考え方なんだよね。

前にも「途中は無視無視、『途中のリスク』と『最後のリスク』の峻別を」――なんて話をしたのを覚えてるかもしれないけど、**投資の成否とはこの式でも示されているように、最初と最後、つまり「前」と「今」とで決まるわけ。**

途中は毎日変動するんだから無視。

短期視点の人などが動かす「ムード」なんか気にしない。

アインシュタインだか複利効果だかは知らないけど、**最後にしっかり上がっているかどうかだけが大事。**つまり**「今」と「前」の割り算の結果がすべて**――。

自分が理解できることに煎じ詰めるなら、こういうことなのよ。

ついでに「年率」のお作法の話をしておく

ほんとはもうこれで十分なんだけど、一応計算の続きの話をしておこうかな。

80万円が135万円になるのにちょうど1年だったとしたら、さっきの68・75

リターンが何％かを求める計算式

今÷前－1

%はそのまま「年利」になるよね。「年率」という言い方もする。

「この投資のリターンは年率68・75%でした」って感じ。じゃあもし、10年かかって135万円になったんだとしたら、どう表現すべきだろうか。

そう、**金融の慣習としては「年利に換算」するのが一般的**なんだよね。

銀行の預金金利もローン金利も「年率何パーセント」という言い方をするじゃない。

そうやって同じモノサシで揃えることではじめて横比較ができるので、金融商品では「年率」がデフォルトなわけ。

さて、10年かかって68・75%になったこの投資は、「年率何パーセント」なんだろうか。

実はこの年率に換算する方法にもまた、「単利」と「複利」というのが出てきてしまう。

ただし今度は、預貯金で実際に出る利息の扱い方ではなく、年率換算をする際の計算上の「お作法」、「どういう仮定を置いて計算するか」の話でしかない。

10年の68・75%という結果を年率に直すにあたって、「固定金利だと仮定した場合に、利息を運用しないで横に積んできた単利運用だったと仮定しますか？　それとも利息を元本に組み入れる複利運用で増えてきたと仮定しますか？」という話なんだ。

実際には利息が出るわけでもなければ、価格が上がったり下がったりした結果として10

年後に135万円になっているだけなので、単利も複利もないというのは既に話した通り。**単に年率換算の計算をするために、どちらかに仮定を置きましょうね、**という話だ。

具体的には、68・75％を10年だからと10で単純に割り算した6・875％とするのが「**単利方式による年率換算**」で、ルート10するのが「**複利方式による年率換算**」だ。

具体的には135÷80のルート10から1を引いた5・372％となる。

なぜルートをするかわかる？　説明が必要だよね。

まず、80万円を年率何パーセントかの金利で運用したらどういう式になると思う？

1年後には80万円＋「80万円×○％」の金額になってるよね。

式を簡単にすると80で括ってあげて「80×（1＋○）」だよね。さて、では2年後は？

複利運用だったと仮定するのだから、2年目はこの増えた金額にまた○％の運用がされるとして｛80×（1＋○）｝×（1＋○）と書けるよね。そして3年目はさらに──。

ということで、絵にするとこうなる（次ページ）。○をリターンのrと置いてみた。

こんな風にして増えてきた80万円が10年後にいくらになったんだっけ？　135万円だったよね。つまり左のような式になる。

これを展開してrを求めよう。それが複利換算の年率リターンだ。

$$80 \times (1+r) \times (1+r) \times (1+r) \cdots \times (1+r)$$

1年目　2年目　3年目　○年目

$$80 \times (1+r)^{10} = 135$$

$$(1+r)^{10} = \frac{135}{80}$$

$$1+r = \sqrt[10]{\frac{135}{80}}$$

$$r = \sqrt[10]{\frac{135}{80}} - 1$$

こうやって求めたrの値が、さっき言った5・372%だったわけ。

ルート10なんて手計算できないから、もちろんエクセルでさっき計算しといたの。

整理しようかね。

80万円が10年後に135万円になった投資の結果は、年数を考慮しない計算だと135÷80−1＝68・75%のリターンとなる。

金融の作法である年率でそれを表現すれば、簡便法としての単利換算なら「÷10」をした年率6・875%であり、金融のデフォルトである複利換算ならルート10した年率5・372%となる。

ひとつ気付いてほしいのは、**年率換算の値は常に単利換算（6・875%）よりも複利換算（5・372%）の方が値が小さくなる**ことだ。

これは計算を行う際に複利という、単利に比べて増え方が速い方法を仮定したのだから当たり前のこと。より小さいパワーでも同じ135万円まで増える方法を計算の前提に置いたから、ということだね。

計算の前提のない数値が並ぶようなサイトは要注意

さて、もうおわかりの通り、この3つは全部同じことを違う表現で言っているだけだよね。つまりリターンの数字を見る時には、それが年数を考慮しない生のリターンなのか、年率なのか。年率の場合には単利換算なのか複利換算なのか、といった前提条件の確認が欠かせない。

ネット上には投信の過去リターンを論じた個人のブログや動画が溢れているし、どこかの業者がやっている情報ポータルみたいなのも一見便利なんだけど、こうした**数字を扱うにあたっての理解や配慮が明らかに足りないのが結構ある。**

期間も書いていなければ計算方法も書いてない。それでは何もわからないし、それで何かを比較しても間違いになる。

いやいや、勉強すればきっとどこかで目にするだろう単利と複利について、かなり突っ込んだ説明をしちゃったな。

ひとことで言えば「預金は事前に決まっているが、投資は最後にしか決まらない」っていう当たり前の話なんだよ。預金みたいに毎年固定の利率が付いて、それが元本に加わって複利で増えていくわけはなく、上に下にと変動しながら増えた結果を「後から」複利換算すると何パーセント相当だったかという話でしかない。「今」が、どれくらい「前」より上がっているか——という極めてシンプルな話なのに、それを「複利の魔法」みたいな話で曖昧に論じるのがイケてないと常々思っててね。

分配金を再投資するかどうかは、投資における複利効果とは別次元の話

念のため、この話もしとこうかな。

投資信託には分配金という仕組みがあるのは知っているかな。投資信託は最低でも年に1回は決算をするという決まりがあって、その時に分配金を払うことができる。

決算の頻度は色々あるんだけど、毎月、隔月、年4回、年2回、そして年1回のうちのどれかが多いかな。

その決算時に分配金を出すか出さないかは、運用会社に裁量があって、まったく出さないこともあるけど、毎月とか隔月とかの決算にしているファンドは、分配金を出せるような設計や運営をしてて、実際に出していることが多い。

一方、年1回という最低回数にしているファンドは、分配金は出ないケースが多いように思う。

ファンド運営と国の税務の話なので、あまり適当なことは言えないけど、実態としてはそんな感じ。ただ、どのファンドも「出す」とか「出さない」を事前に宣言することはしない、というかできないってことね。

その分配金について「分配金がもらえる」と言う人がいるんだけど、「もらえる」という表現は正しくない。

「もらえる」というと、預金の利息みたいに聞こえるけどそんなことはなくて、自分の投資資産をファンド側に一律に切り崩させているようなものなのよ。

難しいね、説明が必要だね。

銀行預金の利息だったらさ、100万円に1％の利息が付いたら1万円が「もらえて」、100万円の元本は100万円のままじゃない。でも投信の分配金の場合は違うわけ。

1年前に100万円分買った投信が、その後の基準価額の上昇の結果110万円になった時にちょうど決算があって、1万円分の分配金が支払われたとする。

そしたら、分配後の僕の投信の評価は109万円になってるんですよ。

1万円は確かに普通預金に振り込まれたんだけど、運用中の残り部分の時価評価は110万円のままじゃなくて109万円なの。

つまり1万円分を自分で解約したのと同じ。

自分で解約するのでなく、ファンド側から全投資家に一律パーセンテージで資金を返すのが分配金ってことだ。**分配は「自動解約装置」みたいなもの**だな。

で、ここからが大事なんだけど、ファンド側ではなく販売会社側のシステムで、その1万円を普通預金に振り込んでもらうコースと、そうせずにすぐにファンドに戻してもらうコースとが選べるようになっていてね、それをファンド購入時に選んでいるわけ。買う時に、ファンド毎に、どちらかを自分で選んでいる。

金融機関によって呼び名は異なるけど、**「分配金受け取りコース」と「分配金再投資コース」**って感じの名前が付いてる。

もう気付いたかな。このサービスのどちらを選ぶかは、単利か複利かの話に似ている。

言うまでもなく、**今1万円なんて不要で、将来使う時までできるだけ元本を削らずに運用していたい君たちは「分配金再投資コース」**を選んでおかねばならない。

でもこれは、単に投資信託の分配という「機能」の話であって、投資に潜む「複利の魔法」の話ではない。

そもそも、分配のかたちで元本を減らしながら運用することが、そうでない場合に比べて効率が悪いのは、複利効果がどうこう以前に、ただただ当たり前の話だよね。「分配金再投資コース」を選んでいれば、日々動く基準価額を放置しているのと同じことだし、そもそも決算で分配金を出さないファンドなら、「受け取りコース」も「再投資コース」も関係ない。

株式の配当金や債券の利子は投資信託の中で再投資されている

こうなると、これも一応話しとかないといけないかな。

投資信託の中で株式をたくさん持っているわけじゃない。すると、それぞれの株式から配当金が出ることがあるんだよね。業績にあわせてね。

投資信託にはしたがって、色々な株から色々なタイミングで配当金の名目で現金が入ってくる。債券の場合も半年毎などで利息（クーポン）が出るから、それが現金で入ってくる。

そうそう、株主優待って知ってる？　株主からお米とか優待券が送られてくるやつ。僕ら運用会社はそういう優待品についても現金化した上で、投資信託の中に入れるんだよね。

そうした諸々のお金を現金のままにしていてはダメなので、投資信託の中に入ってきたらすぐに投資に向けることになる。

これって、まあ複利的っちゃ複利的だけど、投資信託の運用としてはそれしか選択肢のない、当たり前の実務だからね。

それから、これはかなり大仰な話だけど、投資対象である企業の活動とか経済そのものが「複利的」だと言う人も時々いるかな。

企業が利益を稼ぐじゃない。それを株主に配当金などで渡さずに、新しい工場を造ったり、新事業に向けたりすることも企業活動における再投資だから、確かに複利的だ。

でも、それを我々の資産運用の効果の話に混ぜてしまうのは、まあ違うよね。


だいたいこんなもんかなあ。「複利効果問題」の議論がわかりにくくなりがちな要素を思いつく限り話してみたけど。

いずれにしても、自分が理解できないことを信じようとする必要はない。人に説明できるくらいに理解できることだけ、シンプルに整理しとこう。

以上です。長かったし、難しかったね。

次はこの続きを、もっと簡単で実用的な側面から話をするので安心して。

18 長期投資は「複利効果」のためでなく……

短期で達成されるならそれが一番では？


投資の話では決まって「長期投資」って言葉が金科玉条のように出てくるよね。

でも長期投資は別に決まりごとではない。同じ結果がもっと短い期間で得られるなら、それに越したことはないじゃない。

まず「**投資のやめ時**」の話を少ししておくわ。

我々もよく受ける質問は、「始める話はよく耳にするんですが、いつやめればいいものでしょうか？　やめ方は？」なんだよね。

そんな時、僕はあえてこんな風に、木で鼻をくくったとも思われそうな答え方をしてきた。

「**やめ時は自分の目標金額が達成された時ではないでしょうか。**もし達成されたら一刻も早く投信を全部売却して預金に戻すべきではないでしょうか。だって私たちはリスクが嫌いなんですから、もはや無用なリスクを取り続ける理由はないじゃないですか」。

我ながら言い方がどうかなとは思うけど、これは本音だし本質だと思ってることなの。

僕らはリスクが嫌いだ。特に命に近い、家族を守るためのお金については本当はリスクなんて取りたくない。

僕は買わないけど宝くじを買ったり、僕はやらないけどパチンコや競馬に使ったりするお金は、まぁリスクが好きなお金なんだろうね。

でも同じ人の中にもそれとは違う、**リスクが嫌いな「大事で本気のお金」**があるんだよね。

そして「自分でハンドルを握る人生」を自らつくるためには、そうした「大事で本気のお金」にこそリスクを取らせないといけない。

というかそうしないとその人生は手に入らないんだ——というのが、僕がずっとしてきた話だった。いわば「**納得ずくのリスクテイク**」だね。

嫌いだけど納得してあえて取るリスク。

僕は証券会社に10年勤めて2000年に今の会社の前の運用会社に転職した時からずっと、「**目標金額があってこそのリスクテイク**」という考え方をしてきた。

それをセミナーで話したり何かに書いたり、金融機関の人に使ってもらう資料にしたりしてきた一方、前に僕の投信積立の歴史を見せたように自分自身でも実践してきた。

もし投信による運用がメチャメチャうまくいって「自分でハンドルを握る人生」を実現するに十分な目標金額が達成されたなら、**もう嫌いなリスクを取っている状態を続ける必要はない**よね。

それこそ、その**人生を楽しむために使っていくべき**だ。

でも増えること、増やすこと自体が目的になってしまいがちなのも事実。

うまくいってる時に全部売って預金に戻すなんて、実はなかなかできることじゃないんだよね。

僕も証券会社の営業マン時代に、そういうお客さんをたくさん見てきた。常に「次に儲かるものは何？」って感じ。

僕が証券営業をやってたのはもう30年も前だから今はまったく違うんだけど、当時のお客さんは皆「儲ける」という言葉を使った。

「今度は損した。次は儲けるぞ」という具合にね。

僕らは今、「**儲ける**」**という言葉とは真逆な投資**について考えているよね。

でも当時、株や投資信託は余裕資金を使って「儲ける」ためにやるものであって、将来自分で人生のハンドルを握っているために、あえて嫌いなリスクを取るのだ——なんてことを考える人は多くなかったと思う。

長期投資は何のため？

長期投資は目的でも決まりごとでもないという話をした。**目標金額が達成できたら、さっさとやめればいいんだと。**

それでも皆が「長期投資を」と言うのはなぜなんだろう。

それは前回話したように「長期で持てば複利効果という魔法の力が働くから」などではなくて、「**長期で構えることでうまく行く可能性が高まることが、過去の経験で知られているから**」程度の理由なんだよね。

身もフタもない言い方で悪いけど、多分大きくは間違ってないと思う。

もう少し丁寧に説明するなら、うまく行く可能性、蓋然性が高い理由は大きく2つあると思う。

理由その1は「**長い時間がないと、そもそも投資資産自体が成長できないから**」という本質論。

そして理由その2は「**長い時間で構えると多少のタイミングの間違いが『結果オーライ』になりやすいから**」という経験則だ。

「理由その1」から説明するね。

少し前にも話した通り、企業って今日明日で大変身はできなくても、ある程度の長い時間があれば利益を大きく成長させ、株価もそれを受けて大きく上昇する可能性があるよね。

株価は「ムード」で動かす人がいるために、今日明日どころか秒単位で変わるけど、**実際の企業の価値は時間をかけてこそ、大きく変わっていくわけだ。**

株価は長期的には企業の価値を反映して決まるものだが、短期では「ムード」先行で間違っていることが多いし、そもそもの企業の価値自体が短い時間では高まりようがないというのが「理由その1」だ。

君たちが働いている会社のことを思えば当たり前のことだよね。

成長しようと毎日皆で頑張っているのは間違いないけど、今日と明日で大きな違いなどあるわけがない。

それなのに投資対象となった途端、人はすぐに企業が変わるとでも思っているかのように株価を判断しようとする。

人はいつもタイミングをミスるから

理由その2の「**結果オーライ**」とは、これまた不謹慎というかいいかげんな言い方に聞こえるよね。でも実際そうなんだよな。

買う日には翌日以降のことはわからないわけじゃない。買った翌日に下がってしまって「アチャー」ってことはいくらでもある。

だからこそ、毎月の積立でシステマティックにやることが推奨されるわけだ。

それでも、一念発起で積立を始めた今年1年がずーっと低迷していく1年だったらどうだろう。

きっと「アチャー、始めるのを待って来年からにすればよかったよ～」と思うんじゃないだろうか。実際、最近そういう人多いみたいだよ。始めたけど何だか雲行きが怪しい話が増えてきたからと、積立を停止してしまった人も少なくないようだ。

そういう人には、これまで君たちに話してきたことを伝えたいな。

何のために嫌いなリスクをあえて取ると決心して始めたのか。

やめるのは目標金額が達成された時であればよく、相場の浮き沈みで決めることではない。

ゆっくり成長する企業の価値と、短期目線の投資家が「ムード」で動かす株価とを混同してはいけない。

親子でも何でもないその人たちに、僕のこんな説教くさい話は聞いてもらえっこないね。はい、やめときます。

そういう「アチャー」と思いがちな中において、「結果オーライ」とは下の絵のようなことだ。

このAという、Bから見たら「アチャー、やっちゃったなー」というタイミングで株式を買ってしまったとすると大失敗だよね。

Cまでの期間で考えるなら、AでなくBで買うことが決定的に重要だ。

でもCの段階で売ることなどハナから考えないDまでの長期で構

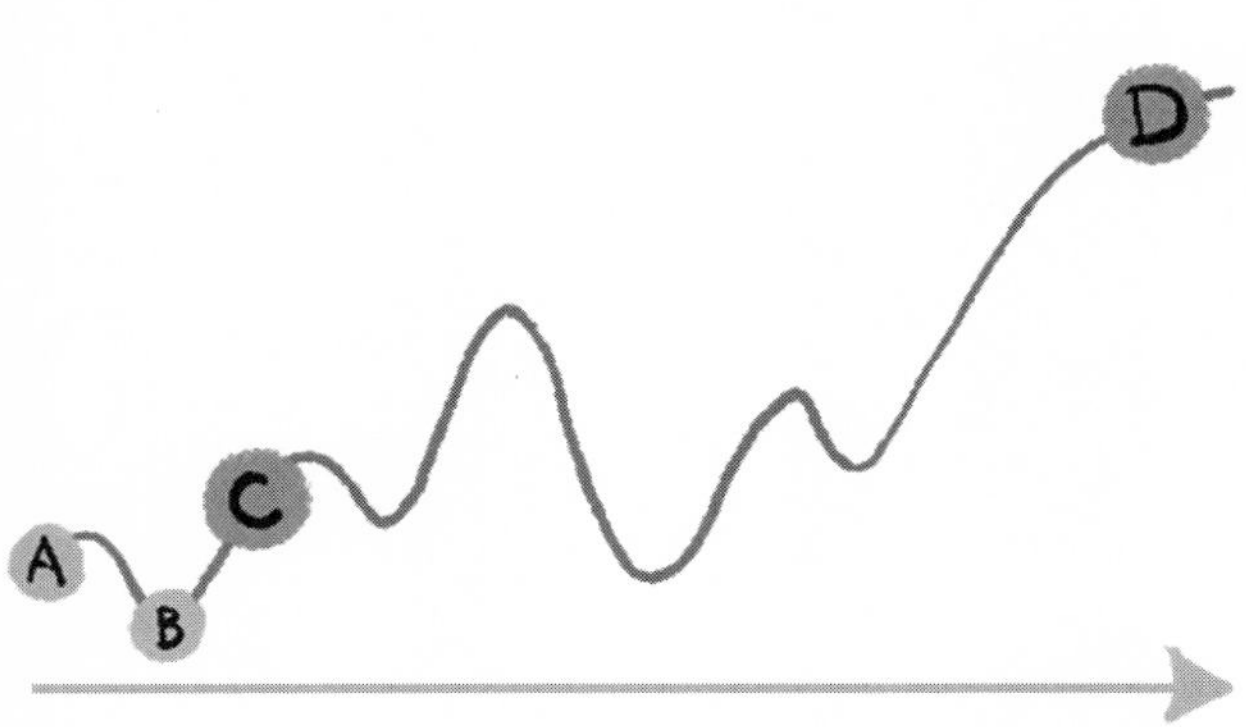

えられるなら、Aだろうが B だろうが大した違いではないとなる。

Bで買えずにAで買ってしまった短期でのタイミングの失敗も「結果オーライ」になる、というのはこういう意味。

今後1年間の積立がずっとダメダメなマーケットの中で行われるとしても、そこから1年後でなく3年後、3年後でなく5年後などと**長く構えられるのなら、投信の基準価額は買値よりも上にいる可能性は一般に高いはずだ。**

もしDが5年どころでなく10年、20年後だとすれば、今は重大に思える多少の「アチャー」なんて単なる誤差に過ぎないと思えるんじゃないだろうか。

その時僕はもうヨレヨレの爺さんだろうし、君たちだって立派な中年になってるわけだけど、君たちの投資がそんな誤差など気にならないくらい大いに報われている可能性は高いだろう。

つまり長期投資は多少の「アチャー」を「結果オーライ」にしてくれ、立派な中年の君たちに夢を抱かせ、納得ずくの投資を続けていく勇気をくれるんだと思う。

もちろん長く持てば持つほど価値が上がるものばかりか？ と言われればそうではないものもあるはずだ。

長く持てば持つほど下がっていくダメダメな株式なんかもあるだろうね。でもそんな株式やそれらが入る投信は、**長期投資がいいとか悪いとかの前に、そもそも買ってはいけない。**長く持ってはいけない。

長期投資はリスクを減らさない？

そういえば、長期投資話でよくある話に、「長期投資はリスクを減らす」とか「リターンを安定させる」というのがあるけど、それは間違い。

ちょっと考えたらわかることだけど、明日売るつもりの短期投資家も、20年持つつもりの君たちも、今日1日で経験する値動きは一緒だよね。値動きの大きさという、いわゆるリスクは一緒なんだよ。投資期間に関係なく、怖い時は怖い。

「長期投資でリスクが減る」とか「リターンが安定する」というのは、次ページのようなグラフで説明される、昔の米国の投資教育のコピペで広まった話なの。

これは日経平均の過去データを使って作ってみたグラフなんだけど、1ヵ月ずつズラしてスタートした1年保有の結果、2年保有の結果……10年保有の結果のデータを集めて、その最大リターンと最低リターンと平均リターンを示してる。

左のグラフを見ると、確かに投資期間が長くなるほどベストとワーストの差が小さく、平均に近づいているから、「減る」とか「安定する」って言いたくなるのはわかるんだけど、違うんだよね。各リターンの数値をさっきやった「年率化」してるからそう見えるだけ。

最低リターンの一番右のポチは－8％で、一番左のポチの－49％に比べたら随分小さくて、「長期ならマイナスが小さい！」って思うかもしれないけど、年率を外した生のリターンは－72％なんだよね。つまり、15年保有しても－72％、100万円なら28万円に減ってしまった15年投資が存在していたことを意味している。

僕らは年率で損したり得したりしないよね。28万円に減ってしまったものを「年率－8％しか損してないです」とは言わない。年率化をしない生のリターンでグラフにしたのが右のグラフ。20年くらい前に自分でこれを作ってみて、僕はようやく次のような理解に至り、大いに合点が行ったんだ。

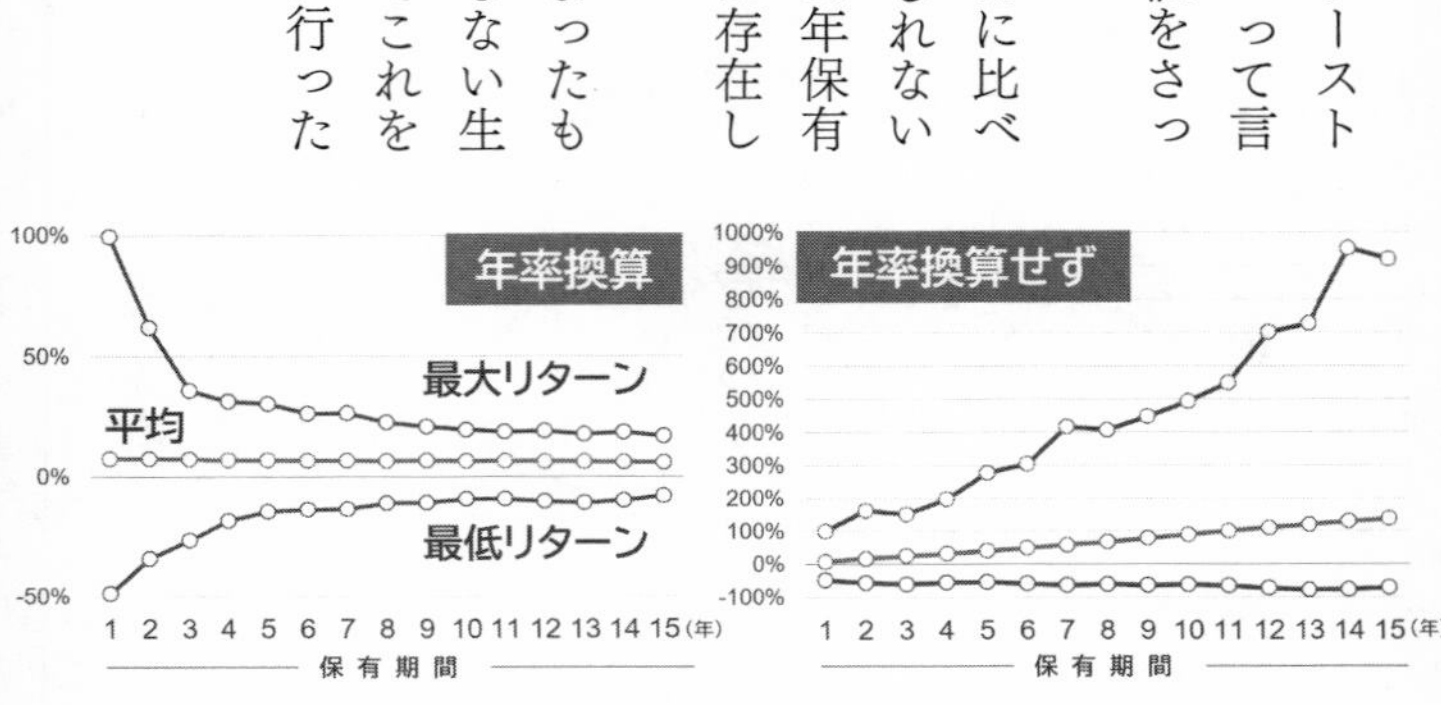

1970年1月～2023年12月の日経平均株価の月末終値を用いた計算

- グラフが右方向に大きく広がっている通り、投資期間が長いほど最大と最低の差が広い。つまり長期ほど結果のブレ、バラつきが大きい。ただし「上の方にブレている」ことが決定的に重要。つまり長期投資であればあるほど、良い結果になるケースが多かった。
- どんなに長期投資でもマイナスだった投資はあった。つまり「スタートラインを大間違い」すると、長期でもダメだった投資は存在した。
- 「大間違いではないスタートライン」からの長期投資は大いに報われてきた。つまり長期投資は「リスクを減らすためのものではなく、大きなリターンのチャンスを増やすもの」であり、「多少のスタートラインの間違いなら、長期保有によって『結果オーライ』になる可能性を高めるもの」。

「多少の間違い」でなく「大きな間違い」からだと、長期投資でもムリ

投資タイミングの「多少の間違い」は、長く待つことで「結果オーライ」となってきた。つまり長期保有は皆を救ってくれた。でもそれって、なぜなんだろうか。

それは**単純に投資対象が右肩上がりだったから**だ。

変動しながらも右肩上がりだったからこそ、短期のタイミングの間違いは長期保有で「結果オーライ」になったという単純な話なんだよね。

2008年のリーマン・ショックも2020年のコロナ・ショックも、長期の構えで耐えた人が救われてきた。

これこそが長期投資が推奨される理由だ。くどいけど複利効果ではない。

でも「多少の間違い」ではなく「大きな間違い」の場合は、いくら時間をかけてもなかなか「結果オーライ」とならないことは知っておいてほしいかな。

日経平均株価の史上最高値である1989年末の3万8915円の水準で日経平均のインデックスファンドを買ってしまった人は、2024年2月下旬になるまで34年以上、ずっと救われなかった。

つまり、あの水準で買うことは「多少の間違い」ではなかったと言わざるを得ない。

ナスダックという米国の新興企業向け市場の株価指数だって、2000年2月の当時のピークに投資してしまった日本人は、約15年後の2014年10月までずっとマイナスが続き、なかなか「結果オーライ」にならなかった。

15年は耐え忍ぶには長い期間だよね。

前に株価の「ムード」が行きすぎかどうかを測るモノサシとしてＰＥＲを紹介したよね。こうした**客観的なモノサシはまさに、「多少の間違い」なのか「大きな間違い」なのかを判断するためにある。**

でも、ＰＥＲが何倍以下ならＯＫで何倍以上ならＮＧ、というほど簡単な話でも、テクニック論で何とかなる甘い世界でもないのが悩ましい。

前から話している**投資資産の原理原則を理解しつつ、長期投資だからこそ、もっと大きな世の中の変化なんかも踏まえて考えていくことが今後ますます大事になってくる。**

この辺はまた追々話していくつもり。

19 将来いくらあれば正解なんだろう？

やっぱりお金は大事

我が娘と夫に対しては綺麗事じゃなく本音を言いたいんだけど、**やっぱりお金って大事だ。**何をいきなり、って思うかもしれないけど、最近は何だか数学みたいな話ばかりしちゃっていたので、少し初心に戻った話をしようと思う。

今まで何度か「**人生のハンドルを握っている大人になるために**」みたいな表現を使ってきたよね。

もちろん「人生のハンドル」を握っているという感覚には色んな要素があると思う。絶対にお金だけではないと思う。

それでもやはり、**お金が占める部分は相当に大きいと思う。**

ところで、多分気付いていると思うけど、僕は政治にまったく興味がない。

僕は不遜にも、政府がどうあれ景気がどうあれ、自分と自分の家族のことは自分で何とかする、しなくては、みたいに思っていた。

税金や社会保障などの負担は上がる一方だし、と思ったら急に「何とか給付金」がバラまかれたりした。

その度に政治が紛糾して、ニュースが騒いだけど、僕はそんなのに関係なく、自分の家族を余裕で守れているようでありたいと思っていたんだと思う。

もちろんそれはとんだ「勘違い野郎」で、実はすごく恵まれた日本という国に生まれたおかげで、たまたま巡り会えた会社のおかげで、何とかやってこられたに過ぎない。

それでも若気の至りというか何というか、「自分のことは自分で何とかする。そのためにはお金をしっかり貯めておかねばならない」っていう思いが強かった。

33歳で初めて転職したのが外資系だったことで、否応なしに自立心のようなものが芽生えた面もあると思う。

前にも少し話したけど、一時話題になったFIREというコンセプトがあるじゃない。Financial Independence, Retire Early（金銭的自立と早期退職）の頭文字だね。

この前半のFIについては、僕が勘違いしながらも意識していたのと同様、君たちもめざしていいと思う。まさに「ハンドル」を握るためにね。

でも後半のREについては、早期退職をめざすよりは、いつまでも辞めたくないと思える仕事を見つけることに頑張る方が、人生は豊かになりそうだとだけ言っておくわ。

とはいえ、普通の勤め人がお金をつくるには？

でも普通の勤め人である僕らは、そう簡単にFinancial Independenceにはなれません。

一念発起して起業して大成功でもしない限りね。

だからこそ、ずっと話してきたコツコツの積立はマストであり、手取りの25〜35％の**「本気の積立」を、夫婦一緒にオープンに、長期戦で臨むことがおそらく最善の作戦だ。**

そして日々の仕事を頑張ることで毎月の積立の金額を上げていくことが大事。

この俗に言う**「入金力」のアップ**はすごく大事。

いつまでも月1万円ではいくら時間をかけても、いくらスゴイ投資信託を選べたとしても知れているからね。

そしてもうひとつ大事なことが、**人生における見栄との付き合い方**だと思う。

ウチはお母さんも僕もその点で有利だった。

決してケチケチな家ではなかったと思うし、色んなところに皆で遊びに行ったけど、そういう時の宿もレストランも、普段着る物も乗る車も、住む場所にも見栄はなかったよね。

見栄と上手に付き合い、「入金力」アップのために仕事を頑張り、できるだけ早い段階から「本気の積立」をずっと続ける――。

これができれば、Retire Earlyできるほどではないにしても、「ハンドルを握っている感」のところに、思ったよりも早い時期に近づけるはずだ。

その前に必要なのは「いくらあったら？」を知ること

というわけで、手取りの25～35％の積立を頑張ろう！　ということを何度も言ってきた。

一方で「いったい将来いくらあったらいいんだろう」という具体的な金額のことは言ってなかったね。

この「**最初に目標金額を持って始めること**」って、**実はすごく大事なこと**だと思う。

Financial Independenceって、やっぱりピンとこないじゃない。

1億円とか2億円とか、あるいはもっとないとダメなんじゃないかって気がしてくる。

もう少し現実的な目標金額じゃないと頑張る気にすらならないよね。

じゃあ、そうだな。例えば君たちが65歳になった時にいくらくらいのお金があったらいいと思う？

65歳で定年退職する時に、ってことね。

退職金で家のローンの残りを全部返しちゃったので住む場所の心配はないってことにしよう。

僕らもまあ、ポックリと迷惑かけずに死んだってことにしよう。つまり親の世話とかも気にする必要ナシ。

君たちの子供もいたけど、独立していて何の心配もない。つまり2人が夫婦で素敵なセカンドライフを送るスタートタイミングだってことにしよう。

はい、想像してみて。

2000万円？　2人で？　了解。65歳で2000万円持ってます、と。

では今度は使う方はどう？　月いくらくらいお金使いそう？　20万円？　OK。30日で割ると1日当たり6666円だな。なるほどね。

ということはこういうことだ。はい、下の表を見て。

どうだろう。引き出し可能年数が8・7年ということは、2000万円を銀行に置いておいて毎月20万円ずつ引き出していくと8・7年と、9年も経たないうちに残高がゼロになるという計算結果ですよ。

9年後には2人は路頭に迷わなくてはならない。だって大事な虎の子の2000万円がなくなっちゃうんだからね。

2000万円って大金だよね。でもさ、いざセカンドライフで使っていこうと思ったら、全然弱いよね。ビックリするよね。

いったいいくらあったら安心と言えるんだろうか。次ページの表を見てみて。

これは期間の方を20年間に固定して、つまり65歳からなら85歳までに毎月いくらずつなら使っていけるか、という表。

もし2000万円を持っているなら、さっき月に20万円使うって言ったの

引出し元本	2,000万円
引出し月額	20万円 年240万円
利回り	1.0%

引出し可能年数
8.7年

1%の1ヵ月複利で運用しながら毎月月末に取り崩す計算。手数料・税金等は考慮していません。

を9万2000円に抑えられれば、無事85歳まで20年間取り崩せるってことだね。

でももし3000万円あったら、月13万8000円ずつ使うことができる。20年間ずっと。

ちなみにさっきの表もこの表も、年利1％の預金に置いておいて毎月取り崩していく計算をしている。

今の銀行預金にはそんな利率は付かないけど、君たちが65歳になるずっと先の金利なんてわからないから適当に1％にしてみた。

もし今と変わらない超低金利時代だったとしたら、取り崩せる金額はこれより小さくなるってことだよね。

さあ、もし5000万円あったとしたらどうだ。

月23万円だって。すごいね。

逆にさっき君が月20万円使いたいって言ったってことは、持っているべきお金は2000万円じゃなく5000万円だったってことだね。

さてさて、この表を見て2人はどう思っただろうか。

元 本	引出可能月額	元 本	引出可能月額
1,000万円	4.6万円	5,000万円	23.0万円
2,000万円	9.2万円	6,000万円	27.6万円
3,000万円	13.8万円	7,000万円	32.2万円
4,000万円	18.4万円	8,000万円	36.8万円

1％の1ヵ月複利で運用しながら毎月月末に取り崩す計算。手数料・税金等は考慮していません。

すごく単純な計算なんだけど、僕はこの表から考えることって、大げさでも何でもなく、**人生設計をすることと等しいと思う。**

さっきのFinancial Independenceって、なんだかカッコいいけどイマイチ意味がわからなかったよね。

でも、当たり前だけど**お金って、使うために持ちたいんだよね。**

それを使って人生を安心して送り、さらにはより豊かにしてこそ意味がある。

いくらお金を持っていても、それを使えずに死んでしまったとしたら、通帳の上の記号を見て満足してただけってことだ。何か切ないよね。

その意味では、不必要にたくさんのお金なんて、僕はいらないと思う。

自分にとっての必要なだけを持ち、しっかりと意味ある使い方をしたい。

『DIE WITH ZERO』(ビル・パーキンス/ダイヤモンド社)っていう本が数年前に流行ったんだけど、「ゼロで死ね」って意味だよね。僕はまさにそれをめざすね。

悪いけど君たちには一切残さずに、お母さんと2人で使い切って死にたい。

そう考えると目標は3000万円で十分。もし5000万円に到達してたら最高、って感じだ。

3000万円なら月13万8000円、5000万円なら月23万円を20年にわたって取り崩せるからね。

僕がそれで十分だと思う理由は、公的年金で最低限の暮らしができると思うから。公的年金で生活をし、月13万8000円、つまり1週間当たり3万5000円はすべてプラスアルファの楽しみに使う。月23万円なら週6万円くらい使える。いいよね。

こう言うと「お父さんたちはそうでしょうけど、私たちは違うんだよ。年金なんてアテにできないんだから」って言うんだと思う。

どうして日本人にはここまで年金不信が根付いてしまったんだろう。

それは間違いです。

20 年金は大丈夫？ はい、大丈夫

年金は元々「社会全体の保険制度」でしかない

今でも覚えてるんだけど、君が20歳になって国民年金の保険料の支払い通知が来た時に、君の大学の同級生が「年金なんて破綻して払い損になるんだから払わない」と言ってるという話を聞いたんだよね。

「はあぁ、なるほどねー」ってすごく驚き、ガッカリした。

確かに昼のワイドショーや野党議員の演説なんかを聞いてると、「少子高齢化が進む日本では、もはや存続不可能な制度で問題だ！」とか、株式市場が悪い時には「皆の大事な年金資産が大損した。誰が責任取るんだ。このままでは年金が危ない！」とか、まるで欠陥ある仕組みが放置されていて、真面目な人が損をする制度かのように聞こえる。

これはかなり偏った、かなり間違った意見だ。

まず個々人の損得勘定だけで言っても、もし君の同級生がその後も支払いを拒否し続けているとしたら単純にすごく損、というかその人の将来がすごく心配だ。

君たちは知らないかもしれないけど、**公的年金って死ぬまでずっと受け取れる「終身」なんだよね。**

これって実はすごいことだ。だって一番怖いのはいつ死ぬかわからないことであり、いくらお金があればいいかわからないことなんだから。

さらに死ぬ前に重度の障害を負った場合にも支給されるし、働き手が亡くなってしまった家庭にも、この年金は支給される。

ただその**「権利」をフルに受けるには、現役時代に払うべきものを払ってないとダメなの。**

学生時代の数年ですら未納期間があって放置していたら、その分だけ他の人より少ない金額しか受け取れなくなる可能性があるし、未納期間が長い場合は下手をするとまったく受け取れなくなる。義務を果たしてなかった人には権利がないのは、まあ当たり前だけどね。

つまり公的年金とは、将来に向けて貯蓄できないまま老後を迎えてしまった人はもちろん、突然障害を負ったり一家の大黒柱が亡くなったりして収入面で困る人に、生活基盤としてのお金を支給する「国家全体としてのセーフティネット」、いわば**「相互扶助の保険」**

なんだよね。

そう保険。僕ら一人ひとりの代わりにお金を貯めて、後から払ってくれる**ご親切な貯蓄制度ではない**。

国全体で深刻な状況に陥る人が出ないようにと設計された、相互扶助のための保険制度だからこそ、公的年金の保険料（まさに「保険料」と呼ぶ）の納付は20歳以上の国民の義務だ。

同時に消費税などの国庫が投入され、そして国民年金の上乗せである「厚生年金」では、君たちの会社が従業員の保険料の何と半分を出してくれている。

日本で事業を営む「法人としての義務」としてね。

つまり**日本社会に属する個人と法人が義務として支えている**わけだ。

消費税などの国庫も投入されているということは、公的年金を受給し始めている高齢者も、消費税のかたちで負担しているということでもある。

常識として知っておきたい公的年金の構造

会社が君たちの公的年金保険料の半分を払っていたこと、知らなかったでしょ？

はい、正直でよろしい。まず公的年金の構造を説明しておくね。

君が20歳になった時に通知が来たのは、「全国民が同額の保険料」を毎月支払い、将来も「全国民が同額の年金」を受け取る仕組みである「**国民年金**」のものだった。

ややこしいことに時々「**基礎年金**」と言われることもあるが同じもの。

学生やフリーターや自営業者は会社に入っていないため、基本的にはこの国民年金だけの加入となる。

公務員や僕ら会社員などは、その上乗せ分である「**厚生年金**」とセットで加入することになる。そしてその毎月の保険料の半分を会社が持ってくれるわけだ。

給与明細に「厚生年金」という項目があるのがそれだ。

そこに書かれた金額には国民年金の保険料も含まれているので、その金額を2倍にした金額、会社が払ってくれてるからね、その金額が君たちが毎月国に納めている「義務」としての公的年金保険料

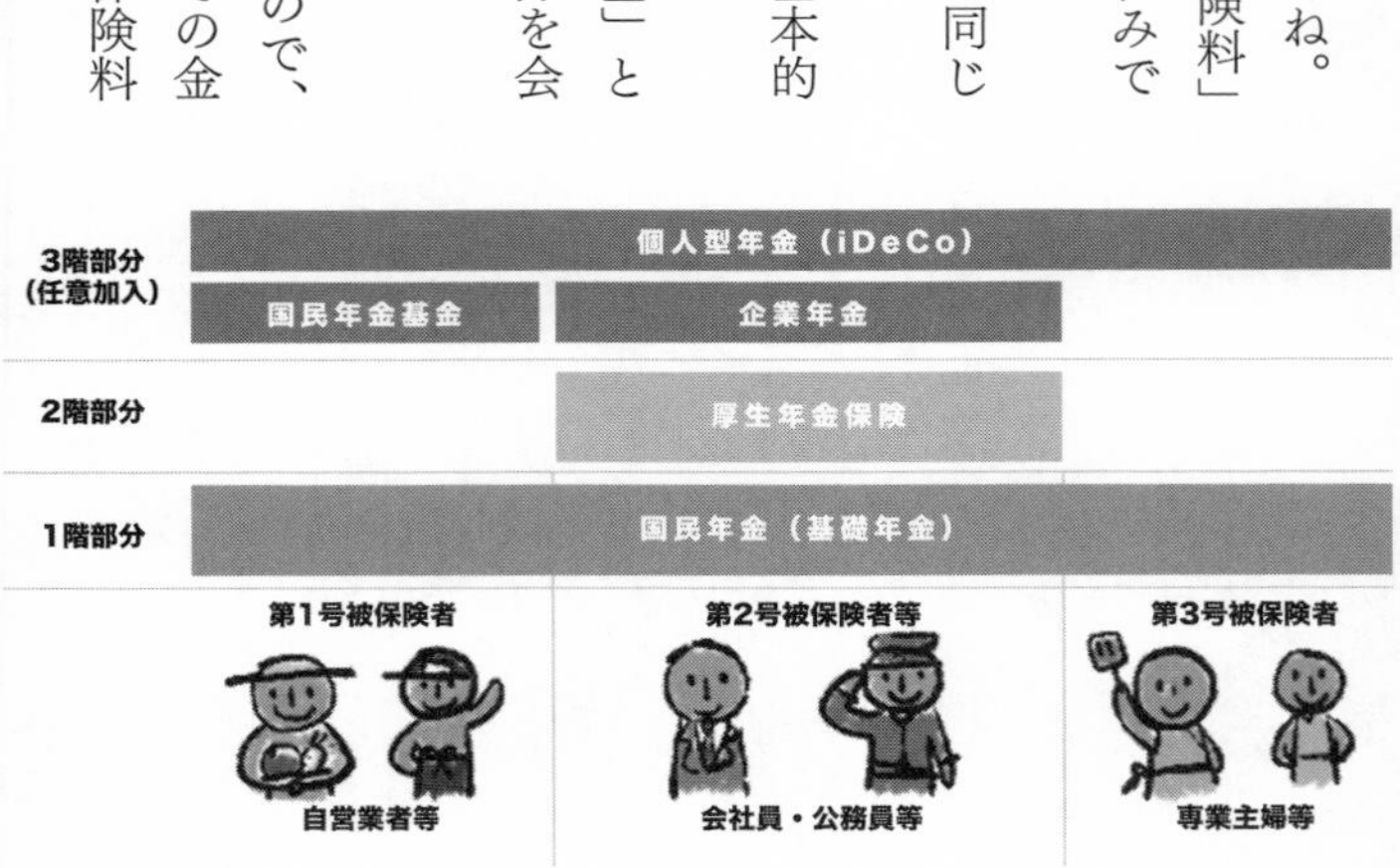

ってことになる。

具体的に、保険料をいくら払っていて、年金をいくらもらうことになるのかを教えようか。

まず「**国民年金**」では、**全員が一律の月額約1万6000円の保険料を納付**し、現在の受給者は**月額約6万5000円を受け取っている**。

「厚生年金」の分は、その人の給料によって納める保険料も受け取る年金額も異なるんだけど、**給料に対する保険料の比率は2017年度に18・3%で固定**され、これ以上に上がらないように決まっている。

企業と折半なので、**個人としてはその2分の1の9%ちょっとの金額を払っている**ってことだね。

納める分が給料次第ということは、受け取る厚生年金は、現役時代の給与が高かった人ほど多くなるわけだけど、**あえて平均すると月額約9万円くらい**で、6・5万円の国民年金と合わせると**月額15万円くらい**だ（2022年度のモデル賃金より1人分を計算）。

ちなみに、公的年金の受け取りって毎月ではなくて、**偶数月に2ヵ月分がまとめて振り込まれる**ので、今の人は**2ヵ月毎に約30万円**、専業主婦だった奥さんと2人だとざっくり45

万円くらい振り込まれるのが平均像って感じだね。

年ベースでは1人だと180万円くらいで、さっきのような**夫婦だと270万円くらいが「年収」**ってことになる。

さてどう感じただろうか。月15万円くらいだってさ。すごく多いわけじゃないよね。今のお年寄りが法外に優遇されてて、僕らの世代がすごく割を食って損でケシカラン、ってわけじゃないんだよね。

今も昔も、というか元々公的年金だけでは、すごく豊かな老後が送れるわけではないってことだ。あくまで国全体の最低限を守るセーフティネットなんだから当たり前だよね。

公的年金が潰れる心配は？

社会のセーフティネットである以上、日本が国としてそれを投げ出すことはあり得ないし、国民や企業が怒って保険料の支払いをボイコットするような状態にすることは考えられない。

それなのに「**公的年金はもたない**。**いずれ破綻する**」**という意見**はいつも出てくる。

現役の人が今のお年寄りの年金を負担する、いわば「仕送り」のような仕組みが故に、少子高齢化が進む日本ではいつか破綻するのは宿命だと悲観論者は言う。

昔は1人のお年寄りに対して3人の現役がいたからラクだったが、だんだん1人に対してほぼ1人になっていくのが見えているから破綻は必至だと。

確かに60歳以上の人口と59歳までの単純な人口比なんかを見ればそういう計算になるんだろうけど、**今や働く高齢者や女性は格段に増えていて、大昔の55歳定年制で女性もほとんど働いていなかった時代と比較することは正しくない。**

60歳以降はもちろん、今や65歳以降も働く人は多くて、その人たちは年金を受け取るどころか、厚生年金保険料を「支払う側」だ。

そして、実は悲観論者が指摘する**「仕送り」のような仕組みである点こそが破綻しない理由**なんだよね。

逆に一人ひとりの口座にその人のためのお金を積み立てていく方式だったら、国がインフレに負けないよう40年以上にわたって資産運用で成功し続けなきゃいけなくなるわけで、余程危険だ。

でも、今の現役世代の保険料をお年寄りにパスするだけの仕組みなら、問題は格段に小さくなる。

仕送りだけでは足りない分を消費税などを中心とした国庫から出し、それでも足りない部分が出てきたら過去からの蓄積のプールである「積立金」から出せばよい——。

これが今動いている仕組みであり、足もとから超長期的な推計までを見ると、大体下のような内訳になっている。

つまり**「仕送り」としてそのままパスされる保険料で大体7割くらいが賄えていて、2割くらいは国庫から補充されている**ということだ。今後の少子高齢化や経済環境次第では、蓄積プールの積立金からも頼るかもしれないけど、それはまだまだマイナーな話だということだ。

株式市場が悪い年に週刊誌が「年金が目減りした！」と大騒ぎするのは、この「積立金」の運用利回りのことなんだ。

あくまで予備としてプールしている分の運用の話であって、年金運営の根幹に関わる話ではない。

そもそも株式市場なんて良かったり悪かったりするのが当た

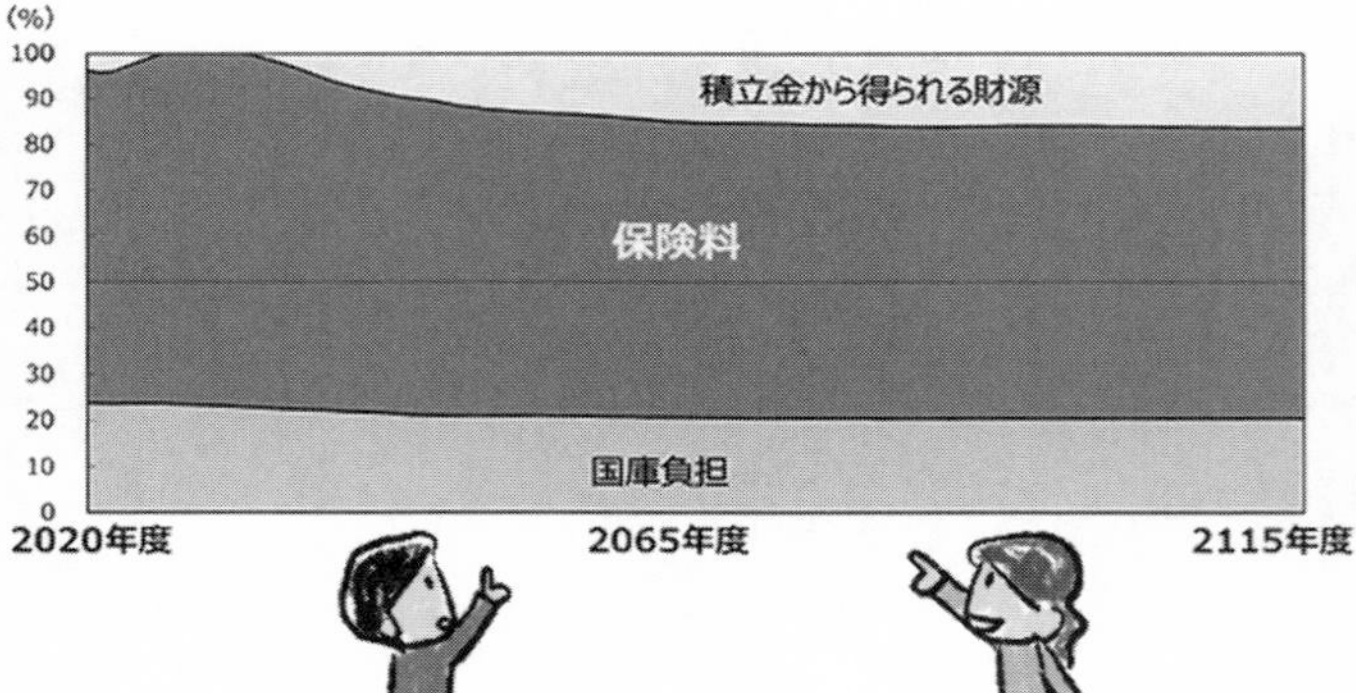

厚生労働省ホームページの情報を基に作成

り前だから、**1年当たりの結果を騒ぐこと自体まったくナンセンス**なんだけど、そのことで年金制度が崩壊するようなことを書くマスメディアは本当に問題だと思う。

ちなみにこの過去からの保険料と年金支払いの余りが溜まりに溜まった「積立金」は、足もとで何と約220兆円もあるんだよね（2023年度第2四半期末時点）。

GPIF（ジーピフ）というのを聞いたことがあるだろうか。

「年金積立金管理運用独立行政法人」というのが正式名称なんだけど、そこがこのお金の運用を担っていて、ウチのような運用会社を複数使いながら長期・分散運用をしている。

足りない分の補充をしていくプールでしかないものの、日本の公的年金制度を100年以上にわたって運営していくために上手に運用し、保険料だけでは足りなくなる分を長きにわたって埋めていかなきゃいけない大切なお金だからね。

「年金悲観」で始めるのはまったくイケてない

ずいぶんと本格的な年金の話をしちゃったね。

ポイントは、**「世の中の根拠薄弱な公的年金不安説を信じて、自分の人生設計を無駄に悲観的に考えるな」**ってことです。

豊かな老後には1億円は必要なんだと思い込み、身の丈に合わない無理な資産運用をしたり、変な投資話に引っかかったり、投資が趣味みたいになって2人の生活や仕事が疎かになったりしないでほしい、ってこと。

何より、公的年金制度や日本という自分の国に対して斜に構えて、悲観論に則って資産運用を始めるのは健康的ではないよね。

さっき話したように「年金で基礎的な生活を賄い、自分の前向きな努力で増やしたこの3000万円、5000万円でプラスアルファの豊かな生活を作るんだ」といった前向きな考え方で資産運用に取り組んでほしいと思う。

ウチはずっと「**前を向く人の、投資信託。**」っていうコーポレートメッセージを使ってる話をしたけど、ホントにそう思うわ。皆に明るくやってほしい。

なんて偉そうなこと言ったけど、自分を振り返ると、前回に話したように特に若い頃の僕は斜に構えてたのかもしれないな。

国や政治に頼らなくても自力で自分や家族が守れるお金を作ると考えてた、なんて偉そうに言ったじゃない。——かなりイタい勘違いだよね。

はい、あと10年ちょっとしたら、僕はありがたく公的年金をフルに頂戴しますよ。

日本に感謝です。政治に感謝です。

君たち現役世代の「仕送り」をいただきながら、自分で作ったお金も使って、お母さんと一緒に楽しみまくらせてもらうわ。

大丈夫、君たちもそうなります。

年金だけじゃなく、医療も介護も社会福祉も、この国の色んな仕組みを知れば知るほど僕たちは本当に恵まれている。

それを理解した上で、しっかり準備ができるかどうかが、君たちのさらなる豊かな人生を作ることになるはず。「前を向いて」頑張ろう。

21 じゃあ、どう増やしたらいいわけ？

お金を増やす方程式

毎月使っていくお金から考えると、**取り崩しスタート時点の目標金額は3000万円で十分。もし5000万円に到達していたら最高って感じだ、**という話をしたよね。

3000万円なら月13万8000円ずつ、5000万円なら月23万円ずつを20年にわたって取り崩せるっていう計算から逆算した目標金額だったよね。

公的年金で基礎的な生活をまかない、月13万8000円とか月23万円をプラスアルファの楽しみに、前向きにジャンジャン使って「DIE WITH ZERO」、君たちに一銭も残さずに死ぬよ！　って話だった。

さて、それを君たちに当てはめると、**今から30年から35年後にその金額を作っているためには何をしたらいいのか？**

ずっと、手取りの25％から35％の強制天引きを、できれば投信積立のかたちにしなさいって話をしてきたし、その考え方で十分ＯＫなんだけど、より深い納得を自身で持つためには、「**目標金額を達成するための条件は何か**」という切り口からも理解しておいた方がいいと思う。

ということで、「**お金を増やす方程式**」の話をします。

これは僕が投信業界に入ってすぐに考えたことで、長年ずっと大事にしているコンセプト。はい、これ。

仰々しく言った割に大したことなくてゴメンなんだけど、この式で色んなことが学べると思ってるんで、これを使って説明していくね。

まず「**目標金額**」とは、さっきの３０００万円や５０００万円のことだね。

さて、**それを作るには３つの要素、変数があるって**ことを意味している。

まず「**元本**」。

その目標達成のために君たちはいくらのお金を出せるのか。これ

目標金額 ＝
元本 × 期間 × 利回り

は一度にまとまったお金を投じる、いわゆる従来型の投資のやり方と、ずっと話してきた少しずつ元本を積み上げていく「**積立投資**」との2つがあるよね。

ちなみに前者のことを「**一括投資**」と呼ぶことがあるから覚えておいて。

次に「**期間**」。

その目標達成のためにいったいどれくらいの時間を充てられるのか。

65歳を目標金額の達成時点とした場合、君たちなら35年以上はあるわけだけど、キリよく35年としておこうか。

さてこの「元本」と「期間」の2つってさ、**その人ごとに、個別に決まってしまう数値だよね。**

だっていくら「本気の積立で！」なんて言われたところで、無理なく毎月出せる積立金額はその人や家計の事情によって自然と決まってくるし、人によって違うじゃない。

期間だってそうだよね。

今30歳の人なら35年だろうし、50歳の人なら15年ってことになる。

あるいは同じ30歳や50歳でも、その人が70歳まで働くつもりなら、40年や20年にもなるわけだ。

最初にすごくシンプルな算数をしてみようか。

例えば今は一括投資のお金がない、コツコツ積み立てるしかない30歳の人が「期間」として35年かけられる場合だ。

簡単だよね。目標金額の３０００万円を35年で割り算して、それを1年は12ヵ月なので12で割ってやれば、毎月の「元本」は７・１４万円と出る。

つまりお金を増やす方程式は、下のようになる。

（×０％）としているのは、毎月７万１４００円を銀行で積み立てたり投資信託で積み立てるのではなく、毎月淡々と現金で積んでいくってことを意味してる。

昔は「タンス預金」なんて言葉があったけど知らないかもな。

まぁ比喩的にだけど、タンスに35年入れ続けられれば、65歳になった時には必ず３０００万円が貯まっていると。

単純な算数だけど、具体的に金額が出るとさ、漠然とした３０００万円をどうやって作るかが急に具体的に見えてくるでしょ？

3,000万円 ＝

7.14万円/月 × 35年 (×0%)

こんな風に自分で計算できるくらいのシンプル化した理解、**人に説明してあげられるくらいの腹落ちをしていることって、すっごく大事なんだよね。**

問題は「利回り」部分

さて、でも「毎月7万は厳しい！」あるいは「私には35年は長すぎます！」という場合はどうしたらいいだろう。

そうだよね。「お金を増やす方程式」の最後の変数である「利回り」に期待するしかないよね。

さっきの割り算では、ただ35年で割って、それを12ヵ月で割っていた。だから利回りをゼロと置いたわけだ。

それを**仮に4％としてみようかね。**

僕が作ったエクセルで計算してみると、こうなる。

これはエクセルの関数を使って計算した、目標金額3000万円のための「必要積立元本」なわけだけど、答えは3・3万円となった。

毎年固定の4％の運用がずっとできたとしたら、つまり4％の預貯金で積み立てていったとしたら、毎月3・3万円の「積立元本」で35年の「期間」を頑張ることで目標の3000万円は達成されるということだ。

タンスに入れていく「利回りゼロ」の積立なら毎月7万1400円も必要だったのが、年4％という「利回りの力」を借りることで、毎月3万3000円と半分以下で同じ目標が達成できるという話だ。

どう、ついてきてくれてるかな？

とはいえ「固定利回り」なんてないいんだけどね

と言いながらで悪いんだけど、この**「毎年固定の利回り○％」は投資信託においては絶対にないいんだよね。**

これまで何度も話してきたように、投資信託を買うと、明日か1年後かは別にしてほぼ間違いなく一度は元本割れ、正確には「含み損」を経験することになる。

だって毎日基準価額が上に下にと動くんだからね。毎年の利回りが固定のは

目標額	3,000万円
積立期間	35年
利回り	4.0%

必要積立額	3.3万円

1ヵ月複利で運用を行う計算。手数料・税金等は考慮していません。

ずがない。したがって「利回り」という言葉は、本当は投信の話に使われるべきじゃない。それでもこんな計算をしてみせたのは、これによってすごく大事なことが理解できるから。

「もし固定利回りだったら」というあり得ない仮定を置いてでも計算してみることで、まず、

「そうか、利回りゼロ、つまり**預貯金で3000万円作るなんて無理**なんだな。毎月7万円の積立は無理なんだから」ってことに自分で納得ができる。預貯金から一歩踏み出す、自分にとっての必要性に気付ける。

そして、

「そうか、固定ではないにしても、平均してこれくらいの『利回り』が必要なんだな。これは**裏にある相応のリスクを取らない限り、絶対無理な水準**だろうな」ってことに気付ける。

さらには、

「**年平均で4%が必要ってことは安全重視の投資信託じゃ無理**なんじゃないかな。投資対象としては株式がメインにならざるを得ないな」

といった具合に思考を展開させていくことができる。

つまり具体的な投資対象選び、そしてそれを実現させる具体的な投資信託選びへと進むことができる。

そして、始めた後のことで言うと、

「私が株式100％の投資信託で積立をしているのは、**最終的に平均値で4％を取るためなんだから、今年が仮にマイナスだって気にしないでいいわけだ。**逆に**来年10％になったとしてもそこで売ろうかどうかと悩む必要もないんだ**」

——という感じで、達観した考え方にも至れると思う。

って、ちょっと先走ってしまったね。

始めた後のことまで考えろって、ちょっと飛躍がすぎたかもしれない。

これはまたあらためて詳しく話すから安心して。

22 納得ずく？ 怖いんですけど

必要な「利回り」＝納得ずくのリスクテイク

続きの話をするね。

3000万円を35年の積立で作ろうとする場合、利回りをゼロで考えると毎月7万1400円が必要だったのが、利回り年4％を前提におくと毎月の必要積立額が3万3000円へと半減したよね。

ただし**資産運用の世界に「固定利回り」など存在しない**以上、これはある意味「皮算用」でしかない。

それでもこうしたことを考えるのは意味があって、人に説明できるくらいにスッキリとした理解を持ち、「**預貯金じゃダメなんだ、裏にあるリスクを受け入れて『利回り』を上げるしかないんだ**」と自分を納得させることに繋がるから大事、という話をした。

僕の会社ではこのことを、「**納得ずくのリスクテイク**」という言い方でずっと発信してきた。

もう10年以上前から言っているかな。

「覚悟」だとか「納得ずく」だとか仰々しいことばかり言ってると引かれちゃうかもしれないけどね。

でも君たちにも何度でも言っておきたいわ。

別に脅したいわけじゃなくて、**「納得ずく」になれた人は俄然、成功の確度が高まるから。**そして、それがないがゆえに失敗する人がたくさんいるから。

さてさて、怖い話はこれくらいにして、さっきはエクセルで3000万円の35年の4%というワンケースしか見せなかったから、今度は一覧表を見せておこうか。

「期間」を20年に固定して、「元本」と「利回り」の組み合わせによって「目標金額」はいくらになるんだろうか？　の一覧表だ。

5%の列をずーっと下がってみようか。

毎月1万円の積立だと20年後に413万円、3万円だと123

お金の**増殖力**－"20年間"積立投資した場合

	0.01%	3%	5%	7%	10%
1万円	240万円	329万円	413万円	524万円	766万円
2万円	480万円	658万円	825万円	1,048万円	1,531万円
3万円	721万円	987万円	1,238万円	1,572万円	2,297万円
5万円	1,201万円	1,646万円	2,064万円	2,620万円	3,828万円
7万円	1,682万円	2,304万円	2,889万円	3,668万円	5,360万円
10万円	2,402万円	3,291万円	4,127万円	5,240万円	7,657万円

1ヵ月複利で運用を行う計算。手数料・税金等は考慮していません。

8万円、5万円だと2000万円を超えたね。

キリが良くていいね。つまり目標金額が2000万円の人にとって、**「月5万円×20年×5%＝2000万円」**というのがひとつのわかりやすい皮算用になる。

「5%か。ってことはそこそこ高いリスクを受け入れないといけないな。どういう投資信託ならそれを20年の平均としてゲットできるだろうか……」という思考を経て、具体的な投資信託選びに進むことができるはずだ。

そういえば最初に**「将来に備えるお金は夫婦2人平等にオープンに」**なんて話をしたじゃない。

それで言えば、2人それぞれが月5万円、合計10万円を20年、5%が期待できるもので積み立てていけば、20年後の君たちは家計で4127万円を持てているかもしれないってことだ。いいねえ。

「合わせ技」もある

2人はきっとまだ積立でしか考えられないと思うけど、前に「元本」には積立以外に、一度にお金を投じる**「一括投資」**があるという話をしたのを覚えているかな。

今、少しまとまったお金を預貯金などに持っている人が、将来のための資産作りを考えようとする時には**積立と一括の「合わせ技」**を考えてもいいという話をしておこうかな。

2人にはまだ関係ないかもしれないけど、こういうこと。

表の見方が難しいよね。説明します。

まず**期間を20年**に、そして**目標金額は3000万円**に固定している。

今まではそれを今月からの積立でゼロから作ろうとしてきたわけだけど、この人は「将来の3000万円大作戦」に対して、今手元にある300万円を投じてもいいと思っているわけだ。

今300万円を投じた上で、君たちと同じように今月から毎月の積立も始めるという合わせ技。

わかりやすくするために、同じ投資信託を買うってことにしている。つまり同じ「皮算用利回り」を適用している。

期間	20年						
目標額		年率でイメージしてみた、期間中のリターンレベル					
3,000万円		3.0%		5.0%		7.0%	
		一括投資分の結果	不足分のための積立月額	一括投資分の結果	不足分のための積立月額	一括投資分の結果	不足分のための積立月額
一括投資の金額	300万円	542万円	7.5万円	796万円	5.3万円	1,161万円	3.5万円

一括投資は1年複利、積立投資は1ヵ月複利で運用を行う計算。
手数料・税金等は考慮していません。

3%の列を見ると「一括投資分の結果」というところに542万円とあるよね。これは今投じた300万円が20年後には542万円になっているという意味。242万円も増えてくれて嬉しいね。でも、目標の3000万円にはほど遠い。2458万円も足りないわ。でももうこの人は20年分、歳をとってしまった。

それでは困るので、足りない分は今からの積立で補っていくしかない。

ということで、その2458万円を目標金額にした「必要積立額」を計算した結果が、隣の枠にある7・5万円ってわけだ。

わかったかな。この人は今300万円を投じると同時に、同じ投資信託で今月から7・5万円の積立をスタートし、その両方を20年間ずっと続ける。

そうすると20年後に3000万円を手にしていることになる——という皮算用のワンケースってことだ。

やや下品な言葉かもしれないけど「タネ金」っていう言い方があってね。この人は300万円のタネ金を持っているから、それがないであろう君たちより有利な作戦が立てられるってことだよね。羨ましいね。

今ってさ、何だか「積立ブーム」みたいになってて、業界の僕からするとすごく嬉しいことなんだけど、**一方で少しまとまったお金の方は依然として預貯金に眠らせたままって人**も多いらしいんだよね。

もちろん使うアテがあるお金やイザという時のための、俗に「**生活防衛資金**」と呼ばれるようなお金は絶対にこの「合わせ技」に使っちゃいけないんだけど、「投資信託には積立しかない」とか、「クレジットカードの引き落としでポイントをゲットしながらコツコツやるのが王道だ」みたいな**固定観念が広まっているとしたら、それは少し違う**よって思うわけ。

考える順番

クレカのポイントが悪いわけじゃないけど、**元々リスクを取る理由は何なのか、その考える順番を大事にした方がいいんだろうと思う。**

投信積立をクレジットカードの引き落としでやる場合の上限って月10万円か5万円のところが多いんだけど、「だから5万円やってます」っていうのは違うと思うんだよね。「とにかく積立していれば儲かるらしい。しかもポイントが付くからポイ活にもなる」っていう始め方では多分ダメだと思うわけ。

目標金額から始まる、リスクを取る納得から始まっていないと、いつかやってくる「含み損」の時に心が折れてしまい、後から見ると絶対に売ってはいけない時に全部売ってしまったり、やめるどころか増額すらしたい下落時の積立なのに「積立停止」してしまったりすることになると思う。

説教臭くなったので話を戻します。

さっきの合わせ技の皮算用ができるこの人なんだけど、もしこの人が「毎月7万5000円なんて絶対ムリ」と言うなら、どうしようか。

仕方ない。この人がとれる選択肢は「**皮算用レベル**」**を上げること**だよね。

さっきの表を見ると、3％ではなく5％を前提にすると必要積立額は月5・3万円に下がるし、7％前提にすれば3・5万円でOKってことになる。

あるいは期間を20年じゃなくて30年にするか。

老後資金って意味で言えば「**もっと長く働くか！**」**ってこと**よ。

この人が40歳だとすると60歳で3000万円を作ってリタイアしたかったんだけど、それは難しい作戦であることが皮算用の結果わかったから、70歳まで働こうと。そしたら運用期間を30年にできるので、もっと楽な積立額で済むことになるよね。

ここでの「**考える順番**」もとても大事だと思う。お金を増やす方程式を思い出してほしいんだけど、**目標金額を達成するための変数は「元本」と「期間」と「利回り」の3つ**だったよね。

「元本」を大きくするには限界があるし、無理をしてさっき言った生活防衛資金までを投じてはいけないいし、いくら「本気の積立」をと言っても毎月カツカツになるような積立をしてしまっては、肝心の毎日が楽しくなくなるしさ。

となると**より長く「期間」を設定することは十分アリな考え方**だよね。

つまり、長く働けるように今の仕事を頑張る、スキルを積む、そして健康を維持することを考える。

次に「皮算用レベル」としての**「利回り」をどの程度に設定するかを考える。**こういう順番だと思う。

さてさて、そうなると次の順番が「利回り」だね。

その「利回り」と投信選びの関係についての話をしようと思う。

23 「もし5%で運用できたら」――そんな無責任な!?

そもそも「利回り」という言葉は馴染まない

前にも話した通り、皮算用で使ったような毎年固定の3%とか5%とか7%の利回りなんてことは、投資の世界では絶対にない。**常に変動するのが投資なんだから。**

それでも10年とか20年の「平均値」としてでもいいからと皮算用してみることは、思考を前に進めるためにとても有意義だという話をしてきたね。

自分にとって必要な利回り水準は、固定利回りに当てはめると3%水準なのか5%水準なのか7%水準なのか――を考えることで、次のステップに進めるからね。

では実際はどうなんだろう。5%は可能なんだろうか。

ここでよくある話は、過去の指数の歴史を振り返って「**過去は○%だった**」、「これからも経済は成長し続ける以上、同程度だと考えてもいいはず」っていうストーリーで、僕らも似たようなコンテンツは発信している。

でも、それがいい悪いの前に、**もっと単純な「算数」で自分自身が納得することが、やっぱり大事**だと思ってるんだよね。

僕はこんな感じで本当に算数的に、単純に腹落ちしている。

- 僕の選ぶ投資対象は、今から10年後に5割上昇しているかな?
- それって50%上昇だよね。
- 50%上がるのに10年かかるなら、「1年当たり」は10で割れば5%だな。
- つまりそれが「年5%」って世界だよな。

もちろん、色んなことを単純化した考え方だし、君たちは元本を少しずつ投下していく積立をしていくんだから、一括投資が10年で5割上がるっていうこの例とは前提からして違う。

でも、どちらにしても決まってないことをいくら精緻に考えても仕方ないわけなので、こういう思考で十分だと僕は思ってるわけ。

大事なのは、10年という時間軸を与えること、そして10年後の「エンド」だけに集中していることだ。

10年後のエンドに集中し、その時に「この投資対象はどれくらい上がっているだろうか」を考える。それに尽きるんだよ。

ついつい「今買って大丈夫か?」、「今下がってるけど大丈夫か?」ばかりになりがちなんだけど、違うんだよね。

前に難しい年率換算の話もしたよね。あの時も実はこの話をしてたんだよね。

さっきの話を「20年バージョン」で考えるなら、「私の選ぶ投資対象は、今から20年後に2倍になってるかな?」ってことだよね。2倍って100%のリターンってことなので、100%÷20年=年5%だ。

つまり年5%を想定に皮算用をするとは、ザックリ言って投資対象が10年後なら5割上昇していることであり、20年後なら2倍に上昇していることを想定した投資計画ということだ。

どうだろう、ボヤけていたものが少し見えてきただろうか。

「過去は年○％でまわってきたから」と有名な誰かが言ってるから——みたいな話では、とても自分を納得させられないなと僕は思う。

「曲線」を無理やり「直線」に直しただけのこと

念のため言うけど、「過去○年間の世界株式は年○％でまわってきた」という情報は別に間違っていないからね。理解の仕方を間違うなよ、って言ってるだけ。

例えば過去の2時点の変化を1年当たりに直した数値であるコレを「年平均利回り」と表現をする場合があるけど、前に話したような基本的な理解がないと誤解を招きかねないと思う。

まるで平均して安定的にその利回りが得られるみたいに聞こえるからね。君たちはもう理解している通り、まったく違うよね。

次ページの絵で、最も大きく凹んだところをスタートに、最も大きく上がったところをエンドの2時点として年率換算したら、すごく高い平均利回りになるし、逆だったらマイナスになるよね。

つまり、**どこを「切り取る」かによって年率換算の利回りはまったく異なる数値になるわ**

けだ。

実際、ここ数年の米国株の2時点を取ったらかなり高い数値になってしまう。だからといって、50年前と今とを比べて年率換算した数値が正しいのかというと、それも微妙だなと思う。だって、50年も前からの巨大な変化ってピンと来ないじゃない。その年率換算した○%を今後の参考にするのが正しいのかどうかって、ちょっと微妙じゃない。

ということで、過去の推移を元にした**「過去の株式のリターンは年平均○%でした」という数値には、あまりとらわれない方がいいと思っている**わけ。

そもそも僕らは、これから何も決まっていない未来に向けて投資を考えているんだから、さっきみたいに**「コレは10年後なら5割は上がっているだろうか」**とか、君たちなら**「さすがに20年後なら2倍になっててもバチは当たらないかな」**を自分の頭で考える方が、相当にマシだと思うのよ。

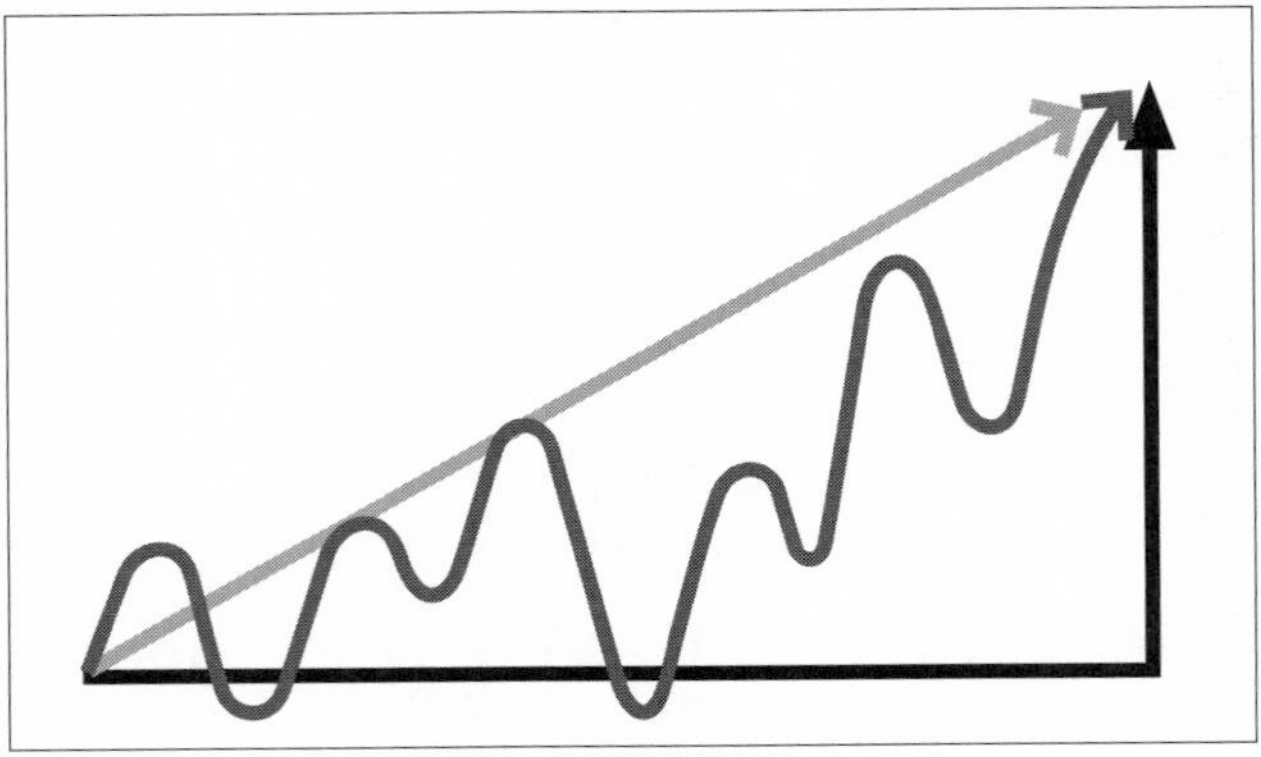

- 私の選ぶ投資対象は、今から20年後なら2倍くらいにはなっているかな?
- それって100%上昇だよね。
- 100%の上昇に20年かかるなら、「1年当たり」は100を20で割った5%だね。
- つまりそれが「年5%」って世界なんだね。

10年で5割、20年で2倍って無謀?

その上で気になるのは、「10年後に5割上がっている」とか「20年後に2倍になっている」って、いったいどうしたら実現するんだろう? っていうことだよね。

それこそが投資資産を選ぶってことなんだよね。株式なのか債券なのか、はたまた……ってこと。具体的には**自分の投資の中での「株式比率」をどれくらいに設定するかという意思決定**だ。

結論を言うと、10年後に5割や20年後に2倍になるパワーを自分の資産運用に取り入れるためには、**少なくとも株式比率を8割以上にする必要がある**と僕は思っている。できれば8割でなく株式100%にした方が、より「固い作戦」になると思う。

さっきの絵だとこんな感じで、株式１００％だと「ゴールの高さ」の期待は高くなる。

10年後に5割、20年後に2倍の世界、つまり単利換算の年平均５％の期待は、もちろんどんな株式かによってまったく異なるとはいえ、**一般論としては期待してもバチは当たらないレベル感**だと思う。

ただその代わり、途中の上下はとても大きい。

これがとても厄介でストレスになるわけだよね。そこに債券という資産を混ぜると、絵のようにストレスの軽減が期待される。

でも非常に悩ましいことに、債券を混ぜると、**ほとんどの場合「ゴールの高さ」は低くなってしまう**。つまり年５％相当のパワーが必要な君たちの皮算用は達成されなくなってしまう。

続けている間の**「途中のリスク」**は小さくなるんだけど、**目標達成の確率が低くなるという意味で「最後のリスク」は高まってしまう**わけ。

もちろん、株式１００％の方が「途中のリスク」が高いということは、ゴールでの「着地位置」も確実ではないってことだよね。

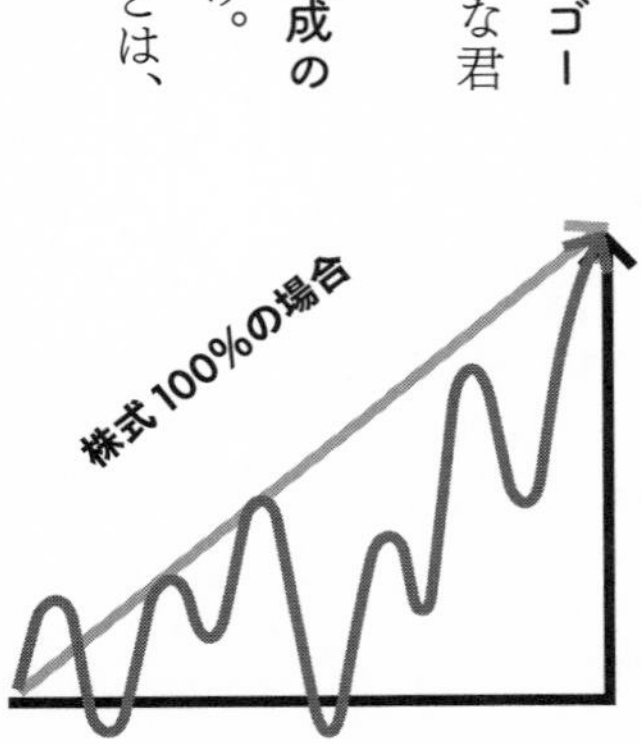

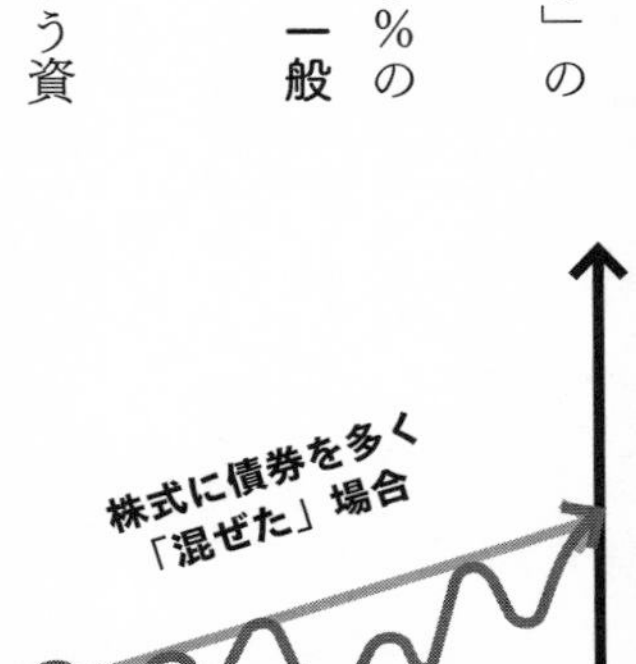

例えばだけど、最後の最後に「何とかショック」が来てしまったら、株式100％の分、大きく下がるだろうね。

それでもね、世の中の投資の話って皆、「リスクとはブレのことであり、上手に分散することでリターン獲得の効率が上がるのです」みたいな話ばかりなんだよね。

これは投資理論としては正解なんだけど、普通の人にはまったくピンと来ないだろうし、実際的にも資産形成の役に立つ考えって、そういうことじゃないと僕は思ってるの。

僕らに必要なのはリターン獲得の効率ではなく、**「途中を無視して最後に笑う」ための理解**だと思ってるわけ。

そのためには**「リスク」の理解を2つに分けるべき**だという話を前にしたよね。

一般的なリスク、つまり日々のブレは、長い旅路で避けられない**「途中のリスク」として受け入れ、できるだけ無視する。**

無視できないほど大きいと思う人は、必要なだけの分散投資をもって対処する。ただ単にコンサバに分散しまくるデメリット（リターンの低下）には注意しながらね。

そして僕らにとって本当に避けたい真のリスクは、**目標達成がなされないまま退職するとか、何らかのゴールを迎えてしまうこと**にあると考える。

それはつまり「**最後のリスク**」なのだから、投資対象を選ぶにあたっては、自分に必要なリターンの水準を念頭に、具体的には「株式比率」を真剣に考え、そして「長期投資」をもって対処する。

「エンド」にどれくらい上がっているだろうか、を考えることでもあるね。

次はもう少し突っ込んで、年3%や5%を想定するためにはどんな考え方でファンドを選んでいったらいいのかの話をしたいと思う。

24 皆が株式インデックスファンドでなくていい

「ロボアド」っていいの？

年5％の利回りが自分の計画に必要な「パワー」なのだとしたら、それは具体的には10年後に5割、20年後なら2倍になっているだろう投資資産を選ぶことに等しいんだ、って話をしたね。

「過去の実績では年5％は大丈夫――らしい」という類の情報ではなく、**「結果としての年5％」とは、今から10年後なら5割増、20年後なら2倍になっていることに等しいんだという単純な理解**の方が、自身の「腹落ち」度合いが格段に高いよね、って話だった。「年5％」じゃピンと来なかったことが少しは見えてくるよね、と。

そして、**その水準はおそらく株式100％に近い中身じゃないと達成困難だろう**という話もした。

値動きが大きいからと債券などに分散すればするほど、日々の値動きの「途中のリスク」は小さくなるけれど、最終的に目的としたリターンを得られるかどうかという「最後のリスク」は高くなる可能性があるという話もしたね。

悩ましいよね。投資につきものの「ハラハラドキドキ」を抑えるには世の中で言われる通り分散投資がセオリーだけど、かといって**分散しすぎると高い目的の達成が難しくなるっていうんだから悩ましい。**

ところで「**ロボアド**」って知ってるだろうか。

株式などの過去の値動きデータと投資理論と、たぶんＡＩ（人工知能）などを使って、その人に合った投資の組み合わせを提案してくれるサービスのことで、銀行のウェブサイトにファンド選びのサービスとして無料公開されているものから、それをオマカセ型商品として投資信託と同じように販売しているものまで色々ある。

総称してロボットアドバイザー、ロボアドっていうのよ。

多くの場合、最初にその人の「リスク許容度」をはかる質問に答える必要があるんだけど、普通の人は普通に聞かれれば、やっぱり「**そりゃお金は増やしたいけど、リスクは嫌いです**」っていう回答になるんだよね。

すると、債券などにしっかり分散した円グラフが「あなたが買うべきファンドはコレです」と提示されるわけ。

それはもちろん、過去データと投資理論とに裏付けされた提示なんだから何も間違ってないし、ひと昔前なら一般人には利用できなかった高度なサービスが安い手数料でネット完結で受けられるんだから素晴らしい進化だよな、と僕なんかは思う。

それでも君たちに勧めたいのは、**単純な算数でシンプル化してでも自分自身の頭で考え、必要なリスクは避けずに受け入れ、その目的達成のためには何を買うかまでを自己完結するスタンス**の方なんだよね。

ロボアドのことを手数料が高いからと批判する人はいるけど、そんな表面的なことではなくて、途中での元本割れが必至で最後の結果だって何の保証もない世界であるからこそ、**意思決定は他人任せや「すべてお任せ!」のブラックボックスではダメ**で、何をどれくらい持つかは自分自身で考えて「納得ずく」になってほしいと思うわけ。

だからやっぱり僕としては、リスク許容度を推し量るアンケートではなく、**たったひとつの「あなたは20年後にいくら持っておきたいですか?」という質問を問いたい**んだよね。

そして、その目標金額から導かれる「必要利回り」の水準、3%なのか5%なのか8%

なのか――を知るところをスタートラインにしてほしいんだよね。

年3％ならバランスファンドがよさそうだ

さて、君たちの場合はもうそれが5％以上だってことがわかってしまっているのでいいとして、もし必要な水準が3％で十分ＯＫな人がいたとしたら、その人は無理に株式100％のファンドを買う必要はないと思う。

いくら世の中の人気がS&P500や全世界株式インデックスファンドだとしても、その人の計画にとって、それらは無駄にリスクが大きい。

年5％以上が必要な君たちには薦めないが、3％でＯＫなんだったら**債券を適切に混ぜたバランスファンドを薦めたい**かな。

それはロボアド的なアンケート結果から見えたリスク許容度に商品の方を合わせにいくような消極的な商品の選び方ではなくて、「あなたの目標達成に対してはこのリターンで十分だから、無用なリスクは取りなさんな！」っていう**「積極的な割り切り」**からのお薦めだ。

インターネットにはバランスファンドに否定的な意見が一定数あって、「株式100％のインデックスファンド以外はゴミで、ぼったくり商品ばかりだから見るな」という何だか強烈なやつから、「株式100%のインデックスファンドと現金の比率で調整するのが最も合理的」とか「自分で複数のファンドを組み合わせてアセットアロケーションをすればよい」という少しマニアックな意見まで様々。

でも自分で調節したり作ったりなんて「言うは易し」で、普通の人には絶対に意味不明な世界だと思う。

それに、いくら全体資産を俯瞰的に見て、現預金と株式100%のファンドを一体化してスマートにロジカルに管理しているつもりでいても、**いざそのファンドが2割、3割、4割と下がると、そんな理性が吹き飛んでしまうのが普通の人間**なんだよね。

「私は全資産の6割は預貯金で持っている。だから持ってる株式インデックスファンドは3割下がったが、全資産で考えれば預貯金分を除いた4割を下落率3割に掛けた12%の下落に過ぎないんだ!」だなんて思えないってことよ。

「僕はAファンドとBファンドとCファンドを組み合わせて最適なアセットアロケーションを実現しているぜ!」という人でも同じだと思う。

基準価額って当然、持ってるファンド毎に別々に見えるよね。ある日のAファンドのリターンが+10%、Bファンドは−5%とか別々に。

そうすると単純に、**その時好調なファンドは嬉しいし、ダメなファンドのことは苦々しく思ってしまうのが普通**だと思う。「分散しているんだからこれでOK、トータルで見れば効率よく運用されている」って風にはなかなかならないんだよね。

バランスファンドの良さは基準価額がひとつなこと

賢い感じの意見はクールだし、腑に落ちはするんだけど、**実際に自分のお金になった途端、僕らは賢くはいられないんだと思う。**

一括投資はもちろんのこと、積立であっても投資元本がそれなりの規模になってくると、株式100%の投資の場合はちょっとした株式市場の悪化で青くなるくらいのマイナスの「金額」を見ることになる。

それまでのイケイケが一転、急に様子がおかしくなり、平気で短期で1割2割下がり、そこからもダラダラとさらに下がったりして、何年もかけて実現していた「含み益」が数週間で消えてしまう恐怖。僕は何回も経験してきたわ。

その時にもし、「私にとっての必要利回りは3%なんだから」とリターン期待も日々の値動きのリスクも両方ともが小さいバランスファンドを選んでいた人なら、目にする基準価額の下落率は僕に比べて小さいので相当に気がラクだったはず。**夜も気にせず眠れたはずだ。**

バランスファンドの中に組み入れてある株式部分は当然1割2割と下がっているんだけど、債券も混ぜてあるから全体としてはその分だけ軽微になる。目にする基準価額はひとつだから、混ぜ混ぜになった結果の基準価額の動きだけしか見ないで済むってことだ。

これは株式が上昇する時も同じで、バランスファンドは他にも混ざっているものがある分、株式の上昇の恩恵が小さくなる。

前に話した通りだね。リターン期待も小さくなるから最後のゴール地点の期待は低くなる。でも**「最後の最後に大失敗!」みたいなリスクも小さくなる。**

どうかな。バランスファンドの役割がわかっただろうか。

今の君たちには必要ないかもしれないけど、**もう少し上の世代の人たちや、毎月の株式100%の積立とは別に少し「まとまったお金」を分けて運用したい人なんかにはアリな選択肢だと思う。**

ただバランスファンドって、株式と債券などの組み合わせ方の比率によって、すごくたくさんあるんだよね。名前だけでは中身がよくわからないのも多くてさ。でもネット取引を前提にするなら「ネット専用・ノーロード」、つまり申込時の手数料がゼロの条件で絞り込むことで、急に数は減って選びやすくなると思う。

その上で「年3％レベル」の、高望みをせず夜眠れることを優先するバランスファンドの選び方としては、**「債券比率が5割以上あるもの」が大まかな目安になる**と思う。逆に言うと、株式とREITの合計が半分以上を占めるようなバランスファンドは、株式100％のファンドを選ぶことと大差ない感じになる。

具体的には「〇資産均等型」って呼ばれるタイプかな。株とREITと債券の3つの比率を単純に等しくするものなので、株とREITを合わせると全体の3分の2を占めてしまう。

株式市場がいい時はリターンがあがっていいバランスファンドに見えるかもしれないけど、下がる時は結構きびしい下げを経験することになると思う。

だからバランスファンドを選ぶ時は、安易に飛びつかずにマンスリーレポートとか月次報告書とかっていうPDFを探して開いてみて、**全体の中に株式が占める割合を調べてみてほしい。**

とにかくここ数年、S&P500と全世界株式のインデックスファンドが人気すぎて、まるでその2つしか選択肢がないかのような風潮があるけどそれは違う。

特に必要利回りが年3％でいい人までが無用なリスクを取って、あとで後悔することがあってはならないと思うんだよね。

バランスファンドの選び方に終始しちゃった。君たちに直接関係ない話でゴメンね。

25 株式ファンドの選び方（インデックスファンド・前編）

インデックスファンドは「儲からない」（指数以上には）

ここ数年でインデックスファンドが投信積立の定番になったという話をこれまでちょくちょくしてきたよね。**具体的には米国株式の指数である「S&P500」か、全世界株式という指数である「MSCIオール・カントリー」という指数のインデックスファンドが二強**だ。

しばらく、その辺の具体的な話をしていこうと思う。

あらためてインデックスファンドについて説明しとこうかね。

インデックスとは「指数」のことで、その指数通りに動くことを目的に作られたのがインデックスファンドという、業界共通のカテゴリーの名称だってとこまではOKだよね。

つまり「S&P500のインデックスファンド」は色んな運用会社から出ていて、大ざっぱに言えばどれを買っても同じだ。

だってそれらのファンドの目的は皆同じで、日々のS&P500と同じ動きをしていくことだからね。

お？「いやいやお父さん、コストが大事なんでしょ？　コストが低い方が儲かるって聞きましたよ？」って顔しとるな。さすが息子。ずっとこんな話をしてると、自然にアンテナも高くなってきたと見た。

でもちょっと違うな。というか、まずひとつ言っていい？「儲かる」って言葉は違うよ。

僕も君たちも、考えているのは「儲ける」ための投資じゃなかったよね。

そうではなく、将来自分で人生のハンドルを握った「イケてる自分たち」になるための、たっぷり時間をかけた覚悟ある作戦のはずだったよね。

綺麗なことばかり言いたいわけじゃないんだけど、ウチの会社では**「儲かる」って言葉を使わないようにし**てるの。単なる語感の問題なんだけどさ、「儲かる」って言った途端、遊び金で「相場張ってます」みたいな感じがしちゃうからさ。

ああ、説教臭い話をしてスマン。気を取り直してハイ、これ見て（次ページ）。

これは色んな運用会社から出ている主な「日経平均インデックスファンド」の実際の基準価額を使って作ったグラフをイメージ化したものなの。

一番太い日経平均の推移の線の他にA社の日経平均インデックスファンド、B社の日経平均インデックスファンドの線もある……んだけど見えないよね。同じ動きをしてきたから重なっていて、ちゃんと見えない。

このグラフ、どう思う?

さっき「大ざっぱに言えばどれも同じ」って言ったのはこういうことなのよ。

使うなって言った言葉を早速使っちゃうけどさ、「どのインデックスファンドも日経平均より儲からない」のよ。**どんなにコストが低くても、その低さのおかげでそのインデックスファンドだけが「儲かる」なんてことはない。**

というか儲かっちゃいけないの。インデックスファンドは**対象と**

うーん
ズレが
ビミョー
だわ。
ちょっとズレて
くれないと
見えないん
ですけど。

する指数を逸脱しちゃいけないんだから。

この一番太い線をはみ出たら、もうインデックスファンドとしてはダメな、下手なファンドということになっちゃうんだよね。

インデックスファンドの運用は簡単じゃない

つまり**「下がる時もキッチリ一緒に下がる」のが優秀なインデックスファンド**なの。

上がる時は同じだけ上がって、下がる時には下がらないでほしいっていうのが普通の感覚だよね。でもそれじゃダメなのがインデックスファンド。

専門用語で「トラッキングエラー」っていうんだけど、指数をいかにズレなくトラック、追随していくかがインデックスファンドの命題なんだよね。

そのズレ、乖離である「エラー」をいかに小さくするか、「トラッキングエラー」をいかにゼロに近づけるかが、インデックスファンドのファンドマネージャーの腕の見せどころなんだよね。

インデックスファンドは指数に連動させるだけだから簡単、だからコストが安い、「だからオトク！」みたいな言い方をされることが多いんだけど違う。

インデックスファンドの運用って実は簡単じゃないし、実は**コストが安いことがすべての選択肢の中での「絶対的なオトク」を意味するわけでもない**。

指数以上に儲かっちゃいけないんだから、そもそも指数という縛りから解き放たれたオトクにはなれない。

そう、インデックスファンドの運用って実は結構難しいんだよね。

だってさ、日経平均にしてもS&P500にしても、指数にはまずコストからして存在しないじゃない。あ、わからないよね。説明する。

指数ってね、そもそも僕ら運用会社は関係なくて、「**指数算出会社**」という専門のところが計算して発表しているのね。

その計算において、彼らは実際に株式を買い入れる必要はなくて、コンピューター上で計算するんだけど、それをインデックスファンドとしてトラックする我々運用会社としては、ペーパーシミュレーションってわけにはいかない。

お客様から集まったお金で、その指数に入っている株式をその計算方法通りの割合で実際に買わないといけないわけよ。

そうなると色んなコストがかかる。株式売買の取次をしてくれた証券会社に払う売買手数料に始まり、海外の株式だと現地での株券保管費用みたいのも結構高いし、僕も含めた社員の人件費に始まり、法定書類を作る費用などの諸経費がどうしてもかかる。

そのコストが信託報酬などのコストなわけ。

そのコスト分はどうしても指数をトラックする際の足かせになる。

だってコストなどかからない指数に対して、毎日コストがかかってしまうインデックスファンドなんだから、その分だけ劣後するよね。

さらに毎日買いと売りを受け付けていれば、**買ってくれた人からはお金が入ってくるし、売った人にはお金を返すために現金を工面しなければならない**んだよね。ファンドの中でね。

これも結構な足かせなのよ。

日経平均のインデックスファンドなら、日経平均の中身の株式をまったく同じだけ買って、そのままロックしてしまえば完璧にトラック、連動できそうじゃない。

でも実際は、お客様のお金すべてで株式を買っているわけにはいかない。

売却する人に備えて現金を少しは持っておかないといけないし、今日入ってきたお金はまだ投資にまわってないからタイムロスが出る。

そうしたハンデを所与のものとして、それでも指数をキッチリとトラックしているのがイ

ンデックスファンドなの。

かなりの技術と経験が求められる運用なんだよね。

さっきのイメージ図で見せたインデックスファンドは、そういう意味で皆優秀なインデックスファンドだ。それぞれに信託報酬の率は違うけど、出している結果は皆、ちゃんと一番下にあった日経平均の値動きをしっかりトラック、トレースできてたからね。

随分前に話したから忘れちゃってるかもだけど、**基準価額ってそもそも「信託報酬控除後」**なんだよね。

コストが引かれた後が基準価額なわけだ。

そしてその基準価額がいかに連動対象の指数と一緒に動くかってのが、大きな意味でのインデックスファンドの目標なんだから、一番見ないといけないのは、**基準価額の値動きと指数の値動きがちゃんと連動しているかどうかであって、コストの多寡じゃない**わけよ。

ここってどうもちゃんと理解されてない気がしててね。

「コストは安い方がいい」って当然正しいし、強い言葉なのですごく浸透しやすいんだけど、今話した「インデックスファンドってそもそも何なのか」とか、「基準価額ってそもそも信託報酬引いた後だよね」ってことまでは十分に理解されていないんじゃないだろうか。

インデックスファンド間のコスト差をどう見ればいいか

つまりインデックスファンドにおけるコストには、**そもそも「お客さんのオトク」のためということの前に、運用会社として指数を忠実にトラックするための必要条件として「低い方が運用面で助かるわー」という側面がある**わけ。

コストが高いとそれだけで連動させづらい。足かせだからね。

だからインデックスファンドのコストは元から低いし、ここ数年の値下げアピールみたいな競争の結果、もうどのインデックスファンドも極限と言っていいくらいに低い。

そういえば、「コストが大事です！」という、こんな感じのグラフを目にすることがあるんだけど、これは**かなりミスリードなグラフ**だと思う。

だって、ここにある信託報酬1%と0・1%みたいな差があるというなら、**そもそも同じ土俵で比較しちゃいけないファンド**だからさ。

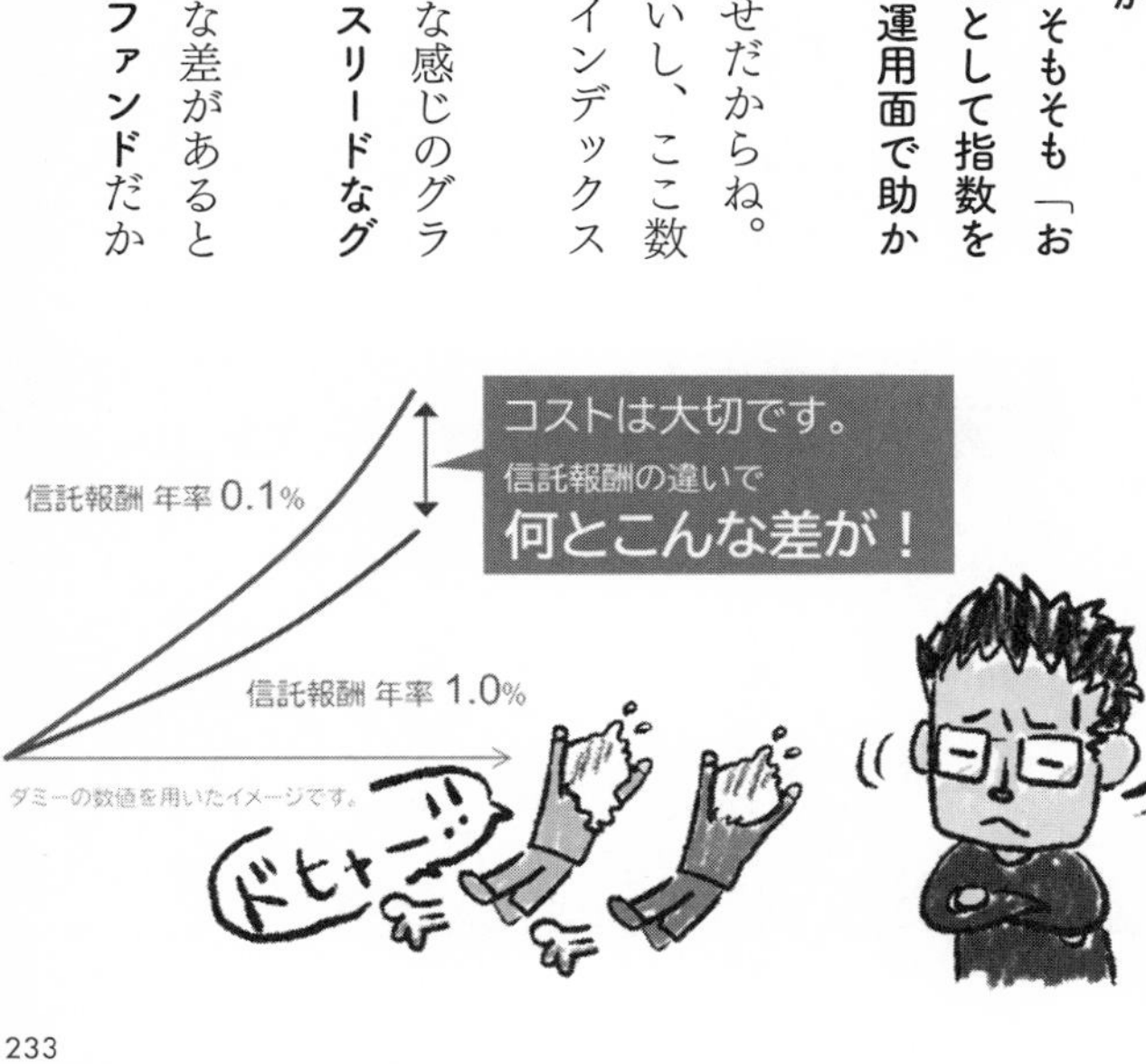

コストは大切です。

何とこんな差が！
信託報酬 年率0.1%
信託報酬 年率1.0%
ダミーの数値を用いたイメージです。

同じ運用のファンドが2つあって、そこから引かれる率がこれだけ違えば――ってグラフなんだろうけど、例えば同じインデックスファンドでここまで料率が違うってことは、ほぼあり得ない。

もしインデックスファンドのコストの話でこのグラフを正しく使うなら、**「信託報酬0・1%と0・2%のインデックスファンドの20年運用の差は?」という見せ方にしないとおかしい。**フェアじゃない。

暇だからシミュレーションしてみた。

リターンは毎年固定になんて絶対にならないけど、年3%の固定とした。それがこれ。

同じ運用で、つまり同じ指数のインデックスファンドで、もし信託報酬が最初に見せたやつのように、0・1%と1・0%といった10倍の差があるのなら、その差がもたらす結果の違いは、左側のグラフのようにとても大きい。

100万円の一括投資で20年後に約177・0万円と約147・

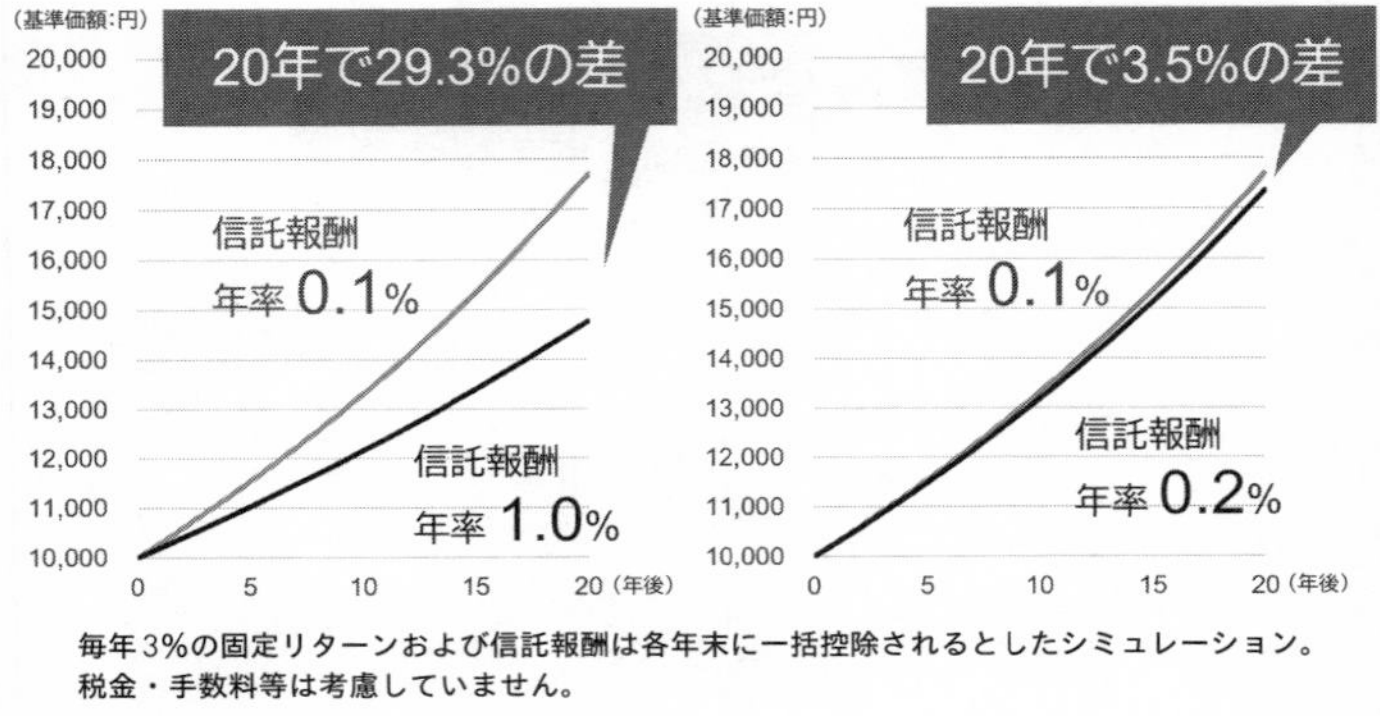

毎年3%の固定リターンおよび信託報酬は各年末に一括控除されるとしたシミュレーション。
税金・手数料等は考慮していません。

7万円だから29・3万円の差、29・3%の差だ。

でも、そんなに差のある同一指数のインデックスファンドなんて、まず存在しない。インデックスファンドのコスト差として現実的な0・1%と0・2%の場合は、右グラフの通りで「100万円の20年・3%運用」でその差は3・5万円、3・5%だ。

皆が言ってる、思ってる話とはだいぶイメージが違うんじゃないだろうか。20年にしてはかなり小さな差だよね。

そしてより大事なこととして、その0・1%と0・2%の僅かなコスト差って、最終的な基準価額の値動きという意味では、簡単に優劣が逆転しかねないほどの微差だってことだ。

さっき言った、お客さんの入出金による「現金マネジメント」の巧拙など、連動させるための「インデックス運用力」の差で吹き飛んでしまう、優劣が逆転してしまう可能性があるってこと。

それほどまでにインデックスファンドのコスト水準自体が下がっているわけだね。

だから「**コストが低いからこのインデックスファンドを選ぶ**」**という発想自体が通用しない時代になった**と言ってもいい。

あ、難しいよね。とにかく、**現在主流となっているインデックスファンドなら、コストは**

どれも十分に低いし、そもそも「コスト控除後」である基準価額が指数をトラックしていくだけなんだから、どこのでもOKだ。

それよりも何よりも、**どの指数を選ぶかが大事。**

指数選びがインデックスファンド選びのすべてと言っていい。

もし日経平均のインデックスファンドを選んだら、コストが0・1%だろうが0・5%だろうが、選んだその瞬間に将来のリターンは、コストなどではなく「日経平均という指数の今後」に規定されてしまっている。この話、僕の20年間の積立の時にもしたよね。

26 株式ファンドの選び方（インデックスファンド・後編）

インデックスファンドはあなたの資産の増加をめざしてはいない

インデックスファンドについて、特に「コスト」にフォーカスを当てた話をしたね。

ちょっと難しかったかもだけど、要は**NISA、特につみたて投資枠で選べるようなインデックスファンドなら、どれを買ってもいわゆるコスト面での後悔はない**、っていうのが結論だったと思う。

もちろん父としてはウチの会社のインデックスファンドを買ってほしいけど、対象とする指数が同じならウチのでも他社のでも結果はほぼ同じで指数通りだ。

ということで、最も大事なのは「**どの指数のインデックスファンドを買うべきか**」ということになる。

最初の頃に話したように、僕は若い頃に深く考えずに日経平均のインデックスファンドで積立をスタートしたわけだけど、その後の僕の投資成果は何に左右されただろうか。コストだろうか。複利効果だろうか。違うよね。

ただ単純に「日経平均株価」という指数の波瀾万丈な値動きに左右されてきたわけだ。

つまり**インデックスファンドを買う場合は、指数選びを間違えるとどうにもならない。**

日経平均のインデックスファンドを買うと決めた瞬間に、僕の投資成果は日経平均と一蓮托生、決まってしまったわけだ。

投資信託には必ず読まないとならない目論見書《もくろみしょ》という法定書類があって、銀行などの窓口で販売する場合はお客様に必ず交付しないといけないことになっているし、ネット取引でも必ずそのPDFを開いて読まないと買付のボタンが押せないようになっている。

そこには必ず「**ファンドの目的**」といった項目があるんだよね。

インデックスファンドの場合どう書いてあるかというと、「**①当ファンドは○○指数の動きに連動する投資成果をめざします**」みたいなことが書かれている。

一方で、インデックスファンドではない普通の株式ファンドの場合は「①当ファンドは世界各国の株式への投資を通じて、**信託財産の中長期的な成長をめざします**」みたいな感じが多いかな。

つまり、インデックスファンドは決して「信託財産の成長をめざします」とは言わないわけだ。

というか言えないよね。なぜなら連動対象である指数の方が主役だから。

それに連動していくだけのファンドの方が主体的に「めざす」ことはできない。

かといって、日経平均株価とかS&P500といった指数の方が「指数の成長をめざします」と宣言しているかというとそうではない。

指数の目的はそれぞれの指数の定義通りに計算し、定義された世界を数値として発表し続けていくことであって、**それが上がるか下がるかという思惑はそこにはない**わけだ。

ということは、僕たちとしては、果たしてどの指数が自分のお金を増やしてくれそうな指数なのかを考えなくてはならない。**指数自体は成長する努力はしてくれない**んだからね。

S&P500一択論

前にも話したけどS&P500という米国株式の指数は、発行している株式の数が多くて株価が高い、専門用語でいう「時価総額」の大きい上位500社を順に重み付けをして計算されている指数なんだけど、これに連動するインデックスファンドがここ数年とても人気がある。

その人気化の背景には、米国の株価が２０２０年のいわゆるコロナ・ショックの後から２０２１年の年末まで2年間ほぼ一直線に上昇し、Ｓ＆Ｐ５００インデックスファンドの基準価額で見て、最も低いところからだと2倍くらいになっちゃったという絶好調さがあったんだよね。

Ｓ＆Ｐ５００のインデックスファンド「一択」で放っておけばすぐにお金が増えてしまうという状況に、この2年間は沸いた。たくさんのYouTuberが生まれ、ＮＩＳＡの浸透もあって実際に新しい投資家層が増えたことは、僕の業界としても嬉しいことだった。

でも、Ｓ＆Ｐ５００のインデックスファンドが2倍になったのは、米国という国が素晴らしくて、今後も米国という国家を信じていれば間違いないという安易な話では決してないということは、前にも少し言ったけど、繰り返しておきたい。

米国が素晴らしかったのではなく、**この時期にS&P500の中で大きなシェアを持っていた企業たちが素晴らしかった。**

具体的にはグーグルとかアップルとかアマゾンとかの巨大ＩＴ企業たちがＳ＆Ｐ５００

の上位を占めていて、この2年間それらの株価が**さらに上がっていったから**、S&P500はさらに上がっていった。

単純化すれば、それがすべてだ。米国のリーダー企業がこの時期、素晴らしかった。

もちろん今後も、**米国のリーダー企業の活躍を僕らの資産運用に活かしていくにあたり、S&P500はいい指数だと思う。**

問題というか、考えるべきポイントは、**「企業の国籍を米国に絞り込んでいる点」**と**「時価総額加重という指数の算出ロジック」**だろうね。後者はまたあとで話すとして、前者から。

この3×3のマスの絵は覚えているかな。

何千本もある日本の投信も、中身を調べるとこのマスのどれを埋めているかで理解しやすくなるという話をしたよね。

そして、長期間にわたる資産形成を考える君たちなら、できるだけ「賭け」をしない方がいいと思うという話もした気がする。

簡単に言えば、ひとつのマスにだけ賭けてしまうのは心配だよね

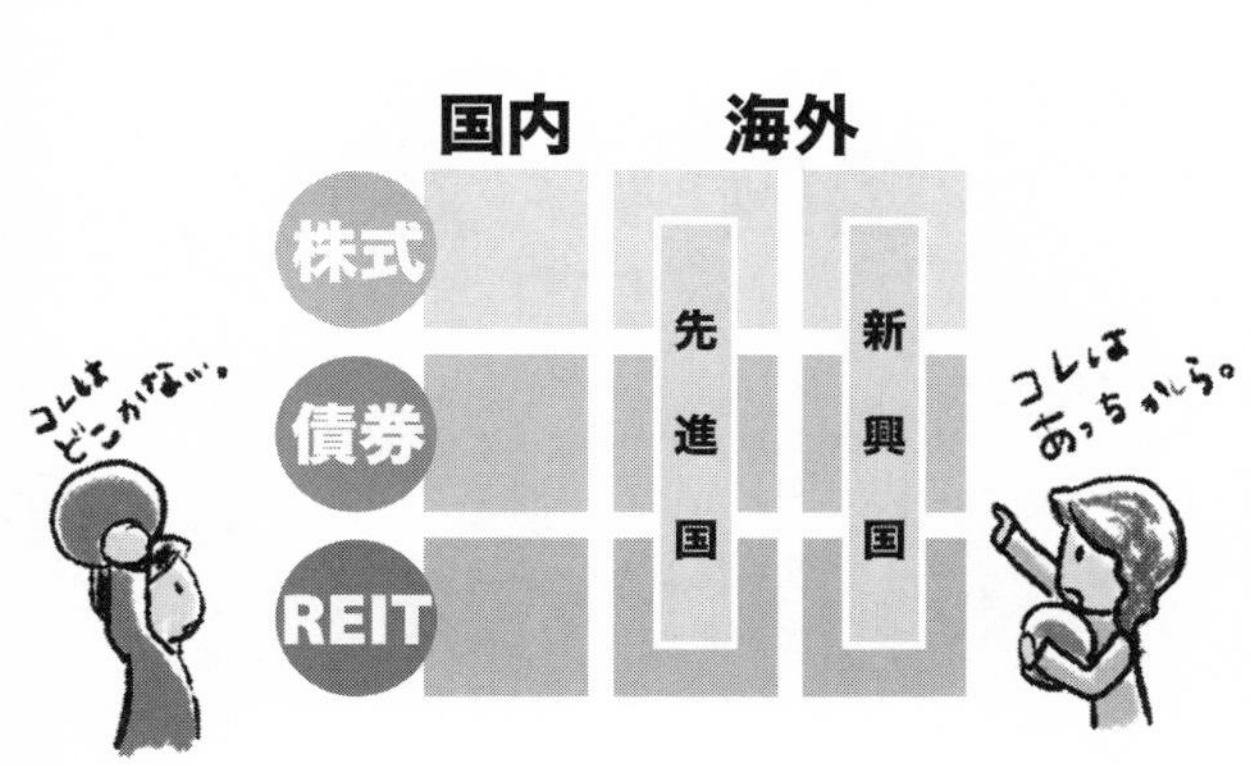

って話。

もちろん1つに絞った方が当たった時には大きいわけで、複数のマスに拡げれば拡げるほど、得られるリターンは薄まりがちっていうのはデメリットだ。でもまぁそれが分散するってことだからね。

僕自身若い時に深く考えず日本株のファンドで投信積立を始めてしまったのは、まさにこれだった。

自分の人生設計を「日本企業縛り」の中での株価上昇に賭けてしまったんだよね。

米国株式が絶好調な**たった2年間の、しかも他人の成功事例を見ただけ**で「S&P500一択!」とか「他は考えなくていい!」とかと盛り上がっている風潮に僕が不安を感じるのは、自分のその経験があるからだと思う。

だってこういうことだもんね。

［株式］には本来、［国内］と海外の［先進国］と［新興国］の3つのマスがあるにもかかわらず、S&P500だけにするということ

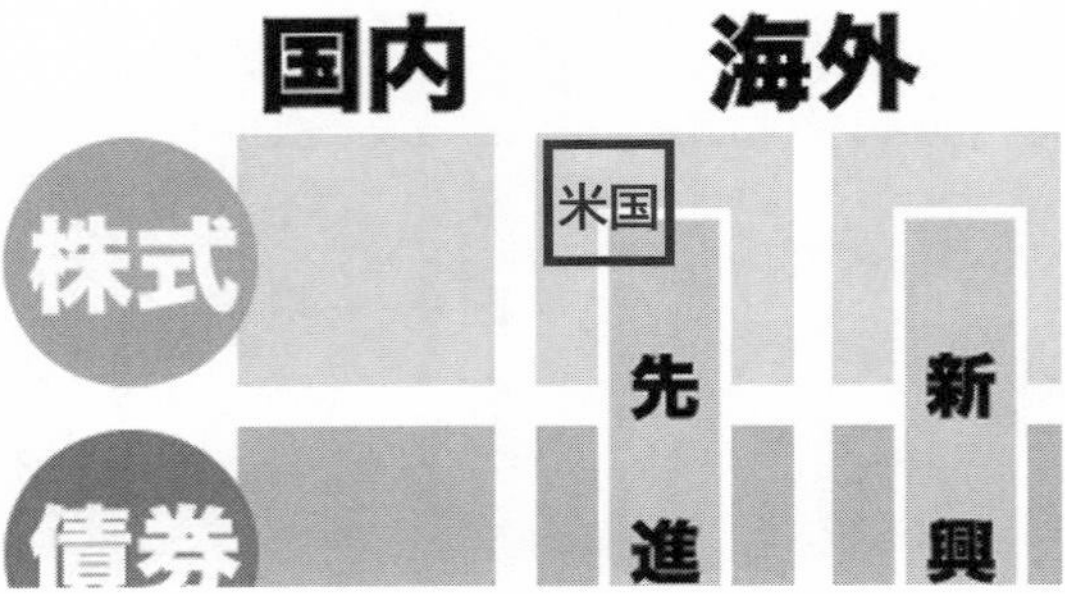

は、先進国のマスをさらに小さく区切った小さなマスだけを埋めにいっているということだからね。

オールなカントリー？

とはいえ、絶好調な2020年と2021年の後、2022年の1年間は米国株をはじめ世界の株式市場の調子が悪く推移したこともあって、最近では「S&P500一択」ではなく「全世界株式がいいのでは？」という意見を耳にすることが多くなった気がする。

「全世界株式」は**「オール・カントリー」**とも言われるんだけど、やっぱり指数の名前なんだ。

S&P500と違ってこの日本語が冠される指数には種類がいくつかあるんだけど、最もポピュラーな「全世界株式」はMSCI All Country World Indexという指数。

「えむえすしーあい」は指数算出会社の名前で、MSCI社が計算するたくさんの指数の中のひとつがAll Country World Index、オール・カントリー・ワールド・インデックスってわけね。

オールなカントリーだから「全世界」という日本語が付けられることになった。

３×３のマスでいうとこういうこと。日本と先進国と新興国のコマを全部埋めるのがこの指数だ。

先進国は米国、日本、イギリス、フランス、ドイツ、スイス、スペイン、イタリア、カナダ、オーストラリアなどなどなど。

新興国は中国、韓国、台湾、インド、マレーシア、インドネシア、メキシコ、ブラジル、トルコ、ポーランド、南アフリカなどなどなど。

順不同に挙げてみたけど、こんなにたくさんの国に籍を置く会社に投資したと考えて計算されるのが、MSCI All Country World Indexというわけ。

会社数でいうと二千数百社だったと思う。Ｓ＆Ｐ５００が約５００社だったのに比べると随分と多いね。

計算にあたっては二千数百社の株価を足して二千数百で割る単純平均ではなく、Ｓ＆Ｐ５００と同じように時価総額加重平均を使ってる。

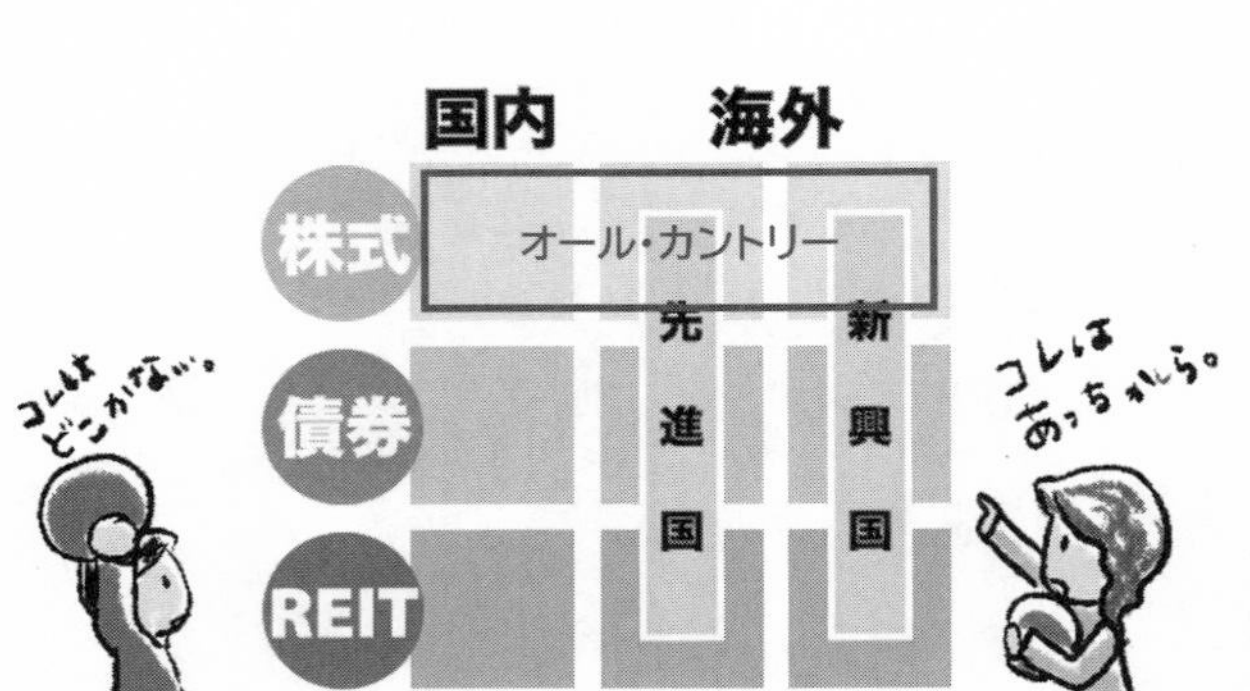

時価総額とは発行済み株式数×株価なので、株式をたくさんの人に持たれている大企業で、かつ今の株価が高くなっている会社に重みを付けて指数を計算する、つまり「**人気の大企業順**」ってことだ。

したがって足もとでは、やはりグーグルとかアマゾンとかアップルといった米国の巨大IT企業のシェアが高いね。そこはS&P500と同じ。

下の表はオール・カントリー指数を連動対象としたあるインデックスファンドのある時点の月次レポートの一部なんだけど、これを見ると米国企業が59・3%で、次に多いのは日本企業で、でもわずか5・3%で、次がイギリス、カナダ、スイス、フランスとカナダやヨーロッパの企業が続いている。中国は2・7%を占めているね。

右の表を見ると、国が分散されている結果として通貨、つまり為替変動リスクが分散されている。

意味わかるかな。我々が投資信託を買うと、そのお金は外貨に両替されてその国の株式市場でその国の株式を買っているわけだ。だ

オール・カントリー指数連動のインデックスファンド

組入上位10ヵ国

1	アメリカ	59.3%
2	日本	5.3%
3	イギリス	4.0%
4	カナダ	2.8%
5	スイス	2.8%
6	フランス	2.8%
7	中国	2.7%
8	ドイツ	2.0%
9	オーストラリア	1.7%
10	インド	1.6%

組入上位10通貨

1	アメリカドル	63.7%
2	ユーロ	8.0%
3	日本円	5.4%
4	イギリスポンド	3.7%
5	カナダドル	2.8%
6	香港ドル	2.8%
7	スイスフラン	2.4%
8	オーストラリアドル	1.7%
9	インドルピー	1.6%
10	台湾ドル	1.5%

あくまで本書の内容をわかりやすくするためであり、
具体的な商品の内容を解説するものではありません。

から必ず円とその国の通貨との間のレート、為替の変動リスクが発生しているわけ。為替については、とりあえず「**円高はマズイ、円安はラッキー**」と覚えておいて。

S&P500のインデックスファンドは米国の企業だけしか入らないから、円と米ドルの為替レートだけだけど、欧州の株を買っているなら円とユーロだし、インドの会社なら円とインドルピーの為替だね、っていうこと。

この表を見てわかるのは、米ドルは63・7%で、あとはユーロはじめ色んな通貨に分散されているということだよね。

これは基本的にいいことだ。ニュースで見聞きするのは日本円と米ドルのレートばかりで、毎日円高だ円安だと言ってるじゃない。

でもユーロもポンドも円との交換レートはそれぞれに動いていて、それぞれに「円高はマズイ、円安はラッキー」という関係なので、その変動要因が米ドル以外にたくさんに分散されているのはいいことだ。

それでも次の表の「組入上位10銘柄」、つまりその株価の上下が指数をどれだけ大きく動かすかという順番で見てみるとこの通り。

やっぱり現時点ではアップルとかマイクロソフトとかアマゾンとかアルファベット、グーグルの親会社ね、が並んでるよね。やっぱり米国企業がずらりと並んでいる。

つまり、**顔ぶれという意味では実はＳ＆Ｐ５００とあまり変わらないというのが、今のＳ＆Ｐ５００とオール・カントリーの関係だと言える。**

これはいい悪いじゃなく、それくらい世界の中での今の米国巨大ＩＴ企業たちの株価が高く存在感が大きいってことだ。

ただ、同時点でのＳ＆Ｐ５００のあるインデックスファンドの表と並べてみると、**顔ぶれはほぼ一緒だけど「比率」のところがかなり違う**のがわかるよね。

例えばアップルはオール・カントリーでは４・３％だけど、Ｓ＆Ｐ５００では６・８％もあるね。マイクロソフトはオール・カントリーでは３・６％だけど、Ｓ＆Ｐ５００では６・４％だ。顔ぶれは同じでも、一つひとつの企業のシェアが小さい。

オール・カントリー指数連動
インデックスファンドの上位10銘柄

1	アップル	4.3%
2	マイクロソフト	3.6%
3	アマゾン・ドット・コム	1.9%
4	エヌビディア	1.7%
5	アルファベットA	1.3%
6	テスラ	1.2%
7	アルファベットC	1.1%
8	メタ・プラットフォームズA	1.1%
9	エクソン・モービル	0.8%
10	ユナイテッドヘルス・グループ	0.8%

Aは議決権がある株式、Cはない株式

S&P500連動
インデックスファンドの上位10銘柄

1	アップル	6.8%
2	マイクロソフト	6.4%
3	アマゾン・ドット・コム	3.1%
4	エヌビディア	2.9%
5	アルファベットA	2.1%
6	テスラ	1.9%
7	メタ・プラットフォームズA	1.9%
8	アルファベットC	1.8%
9	バークシャー・ハサウェイ	1.8%
10	エクソン・モービル	1.3%

Aは議決権がある株式、Cはない株式

あくまで本書の内容をわかりやすくするためであり、
具体的な商品の内容を解説するものではありません。

つまり**オール・カントリーの方が一つひとつの銘柄の株価の上下に振らされる程度が小さい**ってこと。さっきの為替変動リスクが分散されているのと同じだね。

このことは、**これら上位の企業がガンガン上がっていくような相場の時にはマイナスに作用する。**

そういう時にはそれらの比率が高いS&P500の方がより大きく上がる。これは間違いない。

同時にこれら上位銘柄が調子悪い時にはS&P500の方が大きく下がる。これも間違いない。

悪いけど僕は、S&P500とオール・カントリーのどちらがいいとは言いません。とにかく理解してもらいたいのは、インデックスファンドは指数選びがすべてだということ。だから**指数の仕組みと中身**をある程度でいいから理解してほしいと思うわけ。人の意見や人気ランキングなんかで安易に決めてほしくないと思ってるんだよね。

27 アクティブファンドを擁護しようと思う

インデックスファンド以外は認めない？

以前社外の人から「運用会社の人も、自分のお金は結局、皆インデックスファンドに入れてるんでしょ？」と言われたことがある。僕は「インデックスファンドはDC以外では持ってないんだけどなー」と思ったけど言わなかった。

最初の頃に軽く触れたけど、投資信託には**「流派」が大きく2つある。**ひとつはずっと話してきた**インデックスファンド**というカテゴリーだね。で、インデックスファンド「以外」をひとまとめにしたカテゴリーを「**アクティブファンド**」と呼ぶ。

アクティブって「積極的」などという意味の英語だよね。

でも「ファンドの中でバンバン積極的に売り買いする」ということではなく、投資する株式とか債券の銘柄を「インデックスファンドのように**（指数通りという）受け身ではなく、積極的に選別しようとする**」という意味なのね。

例えばS&P500という指数に対して、「私はGAFAMは今や割高だと思うから組み入れませーん。その代わり、この会社は有望なのでS&P500には入ってないけどこの会社を買いまーす」といったファンドだ。

つまりファンドマネージャーに**銘柄選定の裁量が与えられている**のがアクティブファンドで、S&P500などの**指数を再現する以上の裁量が与えられていない**のがインデックスファンドってことだね。

話を複雑にしたくないので結論を先に言っておくね。

NISAなどで資産形成の軸に据えるにおいては、何かしらの指数に連動するインデックスファンドにしておけばよろしい。

どの指数のインデックスファンドにするかはとても大事なんだけど、前回の話を参考に決めてくれれば結構。自己責任でよろしく。

その上で、どうか2人には「インデックスファンド以外はゴミだ」なんて思わないようにしてほしい。

具体的には**インデックスファンドを主軸にしながら、それ以外の要素をうまく組み合わせる意義**を理解してほしい。この技術論についてはあらためて話すね。

「ゴミ」だなんて極端な！　と思うかもしれないけど、実際そういう過激な言葉遣いで発信するインフルエンサーの影響力もあってか、アクティブファンド全体が一顧だにされない状況は確かにあるんだよね。

ネットを見てると、「ネット証券でオール・カントリーのインデックスファンドを買うこと以外は認めない！」みたいな意見が多くなってるし、社外の人から「運用会社の人も結局コレ一択なんでしょ？」と聞かれたことが象徴するように、ちょっと極端に振り子が振れているようにも感じる。

さっき言ったインフルエンサーは、すべてをわかった上で、初心者に対して汎用的で無難なアドバイスをするためにあえてそうした言い方をしてるんだけど、それがまるで「**アクティブファンドは情弱な消費者から手数料を騙し取るための悪徳商品であり、我らがオール・カントリーだけが正義だ**」みたいに広まっている現在の風潮は、少し怖い。

ウチの会社にもオール・カントリーのインデックスファンドもあるし、知恵をこらしたアクティブファンドもあって両方大事にしてるんだけど、僕としてはヒドい言われようのアクティブファンドの方に肩入れしたくなる。

せめてもう少しフラットに見てほしいと思う。

なので少し、アクティブファンドを「擁護」したい。

まぁ関係者じゃない君たちなんだから、話半分に聞いてくれればいいけどね。

アクティブファンドは2つに分かれる

一般的には「インデックスファンドvsアクティブファンド」とされるけど、さっき言ったようにインデックスファンド以外がすべてアクティブファンドとされるせいで、実態としてこれはかなり乱暴な分類になっていると思う。

僕は「二択でなく実は三択だ」と言っている。

インデックスファンドと**一般的なアクティブファンド**、そして「**コンセプトファンド**」の3つだ。

まずアクティブファンドにおける「**ベンチマーク**」について説明しないといけないかな。

これはウチのあるファンドの目論見書なんだけど、一般的なアクティブファンドはこういう風に何を「**仮想敵**」として運用するかを宣言している。

このファンドは1のひとつ目にあるように、TOPIXをベンチマークとしているね。これはファンド毎に違っていて、世界株のアクティブファンドならオール・カントリー指数だったり、米国株のアクティブファンドならS&P500だったりする。

で、半年とか1年とか3年とかの期間を振り返ってみて、ベンチマークを上回るリターンがあげられていれば優秀だったね、そうでなければダメだったね、と評価されるわけだ。

このタイプのアクティブファンドの場合、もちろんファンドマネージャーの裁量権はあるんだけど、場合によっては**まったくの「フリースタイル」がしづらくなる**可能性がある。

ベンチマークとの短期的な勝ち負けを強く意識させられる場合、個性を出しにくくなる可能性があるってことだ。

例えば、「GAFAMは割高だから全く組み入れませーん」といった思い切った行動はなかなか難しくて、「GAFAMを入れないとベンチマークに置いていかれてしまう可能性があるから、GAFAM

ファンドの特色

1 成長性が高く、株主への利益還元が期待できる株式に投資します。

- ◆ TOPIX(東証株価指数)の動きを上回る投資成果の獲得をめざします。
- ◆ 今後の成長が期待できる企業、自己資本利益率が高い企業、株主への利益還元が期待できる企業を厳選し投資します。

2 徹底したボトムアップ・リサーチで、勝ち組成長企業の選定を行ないます。

- ◆ ファンドマネージャーと豊富な陣容を誇る社内の企業アナリストが、直接企業を訪問し収集した情報・データをもとに投資銘柄を厳選します。

真の成長企業を中長期的な観点から選定します。

あくまで本書の内容をわかりやすくするためであり、具体的な商品の内容を解説するものではありません。

は同じ程度に組み入れておいて、他のところで特徴を出そうかな」みたいな感じ。

これはこれで、「規律ある自由演技」ってことでは決して悪いことではないんだけど、あまりに「ベンチマーク迎合」が行きすぎると、つまりベンチマークを意識しすぎて同じような中身になってしまうとそれは非常によろしくない。

そういうファンドは**「隠れインデックスファンド」**として海外でも結構な問題になってる。アクティブファンドとしての相対的に高い信託報酬を取りながら、実態はインデックスファンドとあまり変わらない中身になってるじゃないか！ とね。

ということで、**そうしたファンドたちも含めて平均すれば、そりゃ全アクティブファンドのリターン平均は、信託報酬が高い分だけインデックスファンドに負けそう**だよね。

こうした実情を知らずに「アクティブファンドはインデックスファンドに勝てない（と言われている）」、「インデックスファンド以外はとにかく敬遠すべきゴミ（らしい）」と思われているとしたら、それはとても残念だっていうのが、僕の意見。

もちろん、そんな「隠れインデックスファンド」、つまり**「なんちゃってアクティブファンド」を選んではいけない。**

ゴミとか悪徳商品とまでは思わないけど、単純に**「だったらインデックスファンドにし**

とけばいいじゃん」って思う。その方がスッキリするよね。

そういうファンドを見分ける方法は専門的には色々あるんだけど、一番カンタンなのは運用会社のウェブサイトにある月次報告書（マンスリーレポート）の「先月末の上位10銘柄」の顔ぶれを比較する方法かな。

そのアクティブファンドがベンチマークにしている指数のインデックスファンドを、どの運用会社のでもいいから探してきて、同じ時点の上位10銘柄と比べてみるわけ。

もし、ほとんど同じ顔ぶれが同じような順番で並んでいたら、それは限りなく「なんちゃって」だ。

コンセプトファンド

さて、アクティブファンドには要注意の「なんちゃって」があることを理解してもらった上で、さらに知ってもらいたいのが、第三の選択肢である「コンセプトファンド」だ。

端的に言えば、ベンチマークを「宣言」するのではなく、**何をもって銘柄をしぼり込むかの考え方・コンセプトを「宣言」**しているファンドってことになる。

さっき話した一般的なアクティブファンドと異なり、仮想敵を決めて勝った負けたをしない、そうしたタイプが「コンセプトファンド」だ。

一般的な指数（ベンチマーク）には縛られずに、**ファンド毎に自ら定めた「コンセプトにだけ縛られる」ファンド**ってことだね。

具体的には、「このファンドは、ＡＩやブロックチェーンなどの進展がもたらす金融関連の地殻変動を、長期で大きなリターンとして獲得することを目的としたファンドです」みたいなことを宣言する。

この場合はきっと「〇〇フィンテック株式ファンド」みたいな名前が冠されたファンドになるかな。

「世界的な労働人口の減少は確実に予想される未来であり、その裏返しとして必然な自動化ニーズを広範にとらえることで銘柄選定を行い、長期的な資産増加をめざします」みたいな宣言をしているファンドには多分、「〇〇ロボティクス株式ファンド」みたいな名前が付くと思う。

いずれにしても、ファンド毎に「**このファンドはどんな思想や未来予想をもって銘柄選択に臨むか」ということを宣言するタイプ**だ。これは明らかに一般的なアクティブファンドと違うよね。

世の中の「今」を広くとらえるインデックスを基準にして、それに勝とうと努力するのではなく、「今」ではなく「**未来予想**」**から意思決定する**っていうんだから。

あるファンドマネージャーの目利き力に期待して、どんな銘柄やどんな業種を重視するかなどは全面的に一任してしまおうという一般的なアクティブファンドに対して、「コンセプトファンド」は一流ファンドマネージャーの腕に頼るというよりは、**そのファンドが規定する世界に**「**共感するかしないか**」がポイントとなるファンドってことだ。

英語ではこういうタイプを「ベンチマーク・アグノスティック」と呼ぶらしい。

アグノスティックとは「〜に依存しない」という英語らしいので、まさにベンチマークに依存せずコンセプトに規定されるという意味だ。

「コンセプトファンド」という造語は悪くないと、自分でも思うな。

2人にはこの「**コンセプトファンド**」**という世界に是非とも興味を持ってもらいたいと思う。**

すぐにそうしたファンドを買えとは言わないし、まずはＮＩＳＡを中心にオール・カントリーとかのインデックスファンドを買うのでよろしい。

でも、長期の時間軸で人生設計をしようとする君たちならばこそ、必ず興味を持ってもらいたいと思う。

なぜ僕がそんな風に思うかというと、**これこそが株式投資の本来の姿だと思う**から。

僕は34年前に証券マンになって以来、ずっと株式市場と付き合ってきたわけだけど、株式投資っていうのは、**将来の世の中を想像して、それと現在のギャップに知恵を絞り合う世界**だと思うんだよね。

人間に欲がある限り世界は前進し、僕らが思いもしないような商品やサービスが将来生まれ、企業の新陳代謝がその必然として起こる。そうしたドラスティックな**潮流の変化をいかに早い段階から想像し、行動できるか**が、株式投資の成否を分けるんだと思ってきた。

僕らが呼ぶ「コンセプトファンド」ってまさにこれなの。

今年とか来年とか、インデックスが上がったとか下がったとかでなく、**10年後20年後の世の中がどう変わっているか、どんな企業がそれをリードしているのか**を今想像し、行動する——それこそが株式投資の本来の姿だと思うわけ。

あとは、**もしかするとインデックスファンドだけでは、「将来のための長期戦略」として**

は不十分かもしれないからなんだけど、これは後で話すね。

陳腐な「テーマ株ファンド」じゃないの？

ただ、インデックスファンドしか認めない人たちは、この手のファンドを「テーマ株ファンド」として、それこそ避けるべき筆頭のファンドのように言う。

でも、そんなに単純な話じゃないんだよね。

確かに明らかに薄っぺらい、無理やり作り上げたストーリーで売ろうとする**「何ちゃってコンセプトファンド」**はあるし、これまでもあったのは事実だと思う。

ただ、昔から日本の投資家ってとにかく我慢が利かなくて、そうした「テーマ株ファンド」を短期テーマとして買い、少しでも利益が出たらすぐに売ってしまうことが多かった。あるいは下がってしまったら、すぐに諦めて売ってしまう人が多かった。

でもそういうファンドも、長い時間が経った後から振り返ると、ちゃんと大きく上がっていることも多いんだよね。それこそインデックスファンドよりも大きく。

ただ、皆本当に短気で短期だから、それらを長期でずっと持っていたという人は多くないわけ。結果として皆、「あのテーマ株ファンドには騙された」みたいに言いたくなる。

そもそも大事なこととして、**どのテーマにしてもコンセプトにしても、そこで規定した未来の世界は半年や1年で実現するはずはない**んだよね。

フィンテックが既存の金融を破壊する世界も、世の中がロボティクスで効率化していく世界も、皆がファンドを買った翌日から半年とか1年で実現するはずなんて、元々ない。

ただ、前にも話したように「**残念ながらマーケットはひとつ**」だから、コンセプトファンドが長い時間軸のもとで保有する企業の株価も、短期的な投資家の動向によって振り回されてしまう。

すると、ファンドの日々の基準価額はその株価を反映するしかないから、毎日上に下にと結構動くことになる。

目先の鋭い投資家がそうした企業に飛びつき株価が急上昇して、ファンドの基準価額が驚くほど上がることもあれば、その反動で手のひらを返したように彼らから「叩き売られて」しまい、それを反映するファンドの基準価額も大きく下がる、といったことは当然起こる。すると、「覚悟」のある人以外は売却してしまう。

コンセプトファンドが想定している時間軸と、短気な市場や短期な投資信託の買い手が思う時間軸のミスマッチ。これが、過去の日本の投信の不幸なのかもしれないな。

でも君たちみたいな元々の時間軸が超長期の人なら、まずこの点が以前のシニアな投資家と根本的に違うと思う。

コンセプトの時間軸と投資家の時間軸が合っている。これってとても意味のあることだと思うんだよね。

何だか、僕の業界人としての悩みをただ吐き出したみたいになっちゃったね。

でも、インデックスファンドで基礎を押さえた後に興味を持ってもいい世界があることが、少しは伝わっただろうか。

28 NISAをどう考えるか

NISAは単なる口座の名前でしかない

ちょっと難しい話が続いてしまったので、気分を変えて、NISAについて話そうかな。

ひとことで言えば、その口座で買った投資信託については、売る時に利益に対してかかる約2割の税金が免除されるという、国が用意してくれた非課税制度のことだね。

まさかNISAって名前の商品があると思ってはいないと思うけど、今言った通りNISAはただの制度でしかなく、それ自体が何か特別な力を持っているものではない。

その口座の中で買った投資信託が**いつか利益を生んではじめて、「NISAで買っててよかった!」となるという、言ってみればただそれだけの話。**

ずっとずっと先の売る時になって初めて意味を持つ話ってことだ。売るまではNISAだろうがNISAでなかろうが、何も変わらない。

つまり、これまでずっと話してきたことが大事なのであって、それを最後にどの口座で買おうかという、いわば口座選択の話でしかないってことだね。

本来、預貯金も株式や投資信託も、その金融商品から得られた利益等には20％の税金（所得税15％＋地方税5％）がかかるんだよね。２０３７年までは東日本大震災からの復興のための復興特別所得税が所得税15％の2・1％分（0・３１５％）かかるため、現在の税率は中途半端な20・３１５％になっている。

もし普通の口座で１００万円の投資信託を買って将来２００万円になった場合、売却すると利益の１００万円の20・３１５％、20万３１５０円が差し引かれた１７９万６８５０円が売却代金として得られるところ、もしそれをＮＩＳＡ口座で買っていた場合には２００万円で受け取れるということね。

ＮＩＳＡは国の制度なので、１人が複数の金融機関でＮＩＳＡ口座を開いて際限なく非課税の恩恵を得るようなズルをしないよう、「名寄せ」という管理が行われてる。

したがって僕らは**どこか1つの金融機関でしかNISA口座を持てない**。

途中で変更することはできるけどまあ面倒なので、余程のことがない限り一度開いたらずっとそこで続けるつもりで金融機関を選ぶ必要がある。最初の頃に話したように、だからこそキャンペーンとかポイントで決めないことが大事だ。

NISAで買える商品は制限付き

投資信託を買う一般の口座とは異なり、NISAでは買える商品が限定されているんだよね。

その話の前にまず、NISAの口座が2つの「枠」に分かれていることから説明しとこうかな。

ひとつは「**つみたて投資枠**」というもの。その名の通り、毎月の投信積立を前提にした枠。その金融機関が用意するラインアップの中から選んだ「〇〇ファンド」を「毎月〇日に「〇万円分」買っていく、という指定をするということね。

具体的には注文の画面に行ったら「特定口座」「NISA（つみたて）」「NISA（成長）」みたいなチェックボックスがあるはずなので、そこで「NISA（つみたて）」にチェックを入れるだけでいい。

「特定口座」っていうのは普通の口座のこと。NISAの枠を使い切った後はこれで買うしかないし、後で話すけどNISAでは買えない投資信託を買う場合には、この口座を選ぶ。当然、売る時に利益があったら、そこに課税される。

もうひとつの「NISA（成長）」についてはあとで話すね。

さて、「〇〇ファンド」を「毎月〇日」に「〇万円分」を「NISA（つみたて）」の枠で買うという「初期設定」が済めば、あとは自動運転だ。

僕自身の33歳からの積立の話をしたように、ストップしない限りずっと続いていく。

さて、「つみたて投資枠」で選べる商品だけど、金融機関によって異なる。

例えばウチの会社の投資信託を採用するか、他の運用会社のを採用するかは販売会社の自由なので、金融機関によってつみたて投資枠ラインアップは異なるわけだ。

とはいえ実は、金融機関が採用する前の大元のところで、金融庁が「つみたて投資枠」の対象ファンドを審査しており、そもそもの全体数が相当にしぼられているんだよね。

どの金融機関もそのリストからピックアップした「金融庁認定済み」の商品しかラインアップできないという意味では、金融機関によってすごく大きな違いがあるわけではない。

その審査項目の一番大きなものは「ノーロード」であること。つまり購入時手数料がゼロということね。そして信託報酬にも上限値が設けられている。

そういえば、ネットを見ていると「数年前から（昔の）つみたてNISAを銀行でやってきたが、銀行は手数料が高いと聞くので、もう解約してネット証券に移した方がいいでしょうか」といった声を見ることがあるけど、これはもうひどい間違い。

あとで説明するもうひとつの枠の方では購入時手数料がかかるものもあるし、信託報酬率も安いものから高いものまでバラつきはあるけど、こと「つみたて（昔のつみたてNISAを含む）」の分に関しては銀行でもネット証券でも購入時手数料はゼロで同じだし、信託報酬率についてはそもそも販売会社が決めるものではなく運用会社が決めているのだから、**同じ商品ならどこで買っても同じ。**

もちろん、ネット証券の方が品揃えが豊富で、今の銀行では選びたい商品がないから――という理由なら、ネット証券に鞍替えしたらいいけど、世の中の「ネット証券以外の金融機関には近づくな」といった声に影響されただけの判断なら、それは正しくないな。

自分が手続きや商品選択に関するアドバイスを必要としているのか、相場変調時にアドバイスしてくれる店舗や人の存在を心強く思うのかどうか、などで決めればいいと思う。

まあ君たちは、僕がこれまで長いこと話してきたことを2人で咀嚼して腹落ちしてもらえば、もう十分、自分たちだけでやっていけると思う。何かあれば僕を呼んでくれればいいし。

話を元に戻すと、**NISAは個人の資産形成のための長期投資にふさわしい投資信託がラ**

インアップされるように制度設計されているってことね。

特につみたて枠についてはかなり厳格。

インデックスファンドについては「この指数のインデックスファンドに限る」という「指定インデックス」というものが設けられていて、日本の株式ならTOPIXと日経225(日経平均株価)などは指定インデックスだけど、例えば中小型株指数などは指定外なので、どの金融機関に行ってもラインアップに並んでいないわけ。

新興国株式のインデックスも、MSCIエマージング・マーケット・インデックスというのは指定インデックスだけど、例えばインド株の指数は指定外なので、いくらインデックスファンドであっても、インド株インデックスファンドはつみたて枠では買えないわけ。

インデックスファンド以外、前回話した「コンセプトファンド」を含むいわゆるアクティブファンドのジャンルでは、ファンドの大きさ(純資産総額)が50億円以上で、設定から5年以上経っていて、その3分の2以上の期間において売る人による解約金額よりも購入金額の方が上回っていること、そして信託報酬は国内資産を対象とするファンドなら1%以下、海外資産を対象とするファンドなら1・5%以下、といった要件が定められている。

これ、相当に厳しいのよ。だからアクティブファンドで「つみたて枠認定」を得られたファンドは、同業として大したもんだ、と思う。ウチも本当に限られたものしか適格になれてないから。

ちなみにマニアックな補足だけど、指定インデックス「以外」のインデックスファンドでも、こっちの要件で「つみたて投資枠」の適格になっているのが最近出始めた。インデックスファンドなのに、いわゆる「アクティブ枠」の要件を満たしちゃった、というレアなファンドだね。

各金融機関は金融庁が選定した指数のインデックスファンドと、厳しい要件に合格したアクティブファンドの各運用会社のリストの中から、自社にふさわしい「つみたて投資枠」のラインアップを作っているというわけ。

さて、ではもうひとつの枠の話もしますか。「**成長投資枠**」っていう名前。

でもこれ、少し誤解を招きやすい名前だと思うんだよね。「つみたて投資枠」も、というよりNISA制度自体がお金の成長を期待した投資のための枠組みなんだから、この成長投資枠だけにことさら「成長」と付けるのは、ちょっと違和感を覚えるね。

皆が皆、「そうか、成長投資枠だから大きなリスクを取って成長を狙わなくては！」などと思ってしまうとしたら、それは違うと思うね。あとで2つの枠の使い方のところで、詳しく話します。

「成長投資枠」で買える投資信託については、「つみたて投資枠」ほど厳格ではないもののやはり認定要件があって、それは信託期間、つまり投資信託の運用が終了するまでの期間が20年以上あり、毎月分配型ではなくて、運用の中でデリバティブ取引というものを行っていない投資信託に限る、というもの。

運用できる期間があと10年しかないようなファンドはお断りだし、毎月分配金を払い出すファンドも認めないし、複雑な取引をするファンドもふさわしくない、ということだね。

各金融機関は運用会社が提示した「成長投資枠適格リスト」から、「つみたて投資枠」と同じようにピックアップして自社のNISAラインアップを完成させている。

きっと見直しはされていくのだと思うけど、NISAが想定しているお客さん像を考えると、いたずらに数を増やすことはしないだろうな。多すぎても選べないからね。

NISAで買える金額の上限が決まっている

さて、買える商品の概要がわかったところで、「その枠はいくらまで使えるのか」について話すわ。

国もさすがに「いくらまで入れてもいいよ、そこから出る利益は全部非課税にするよ」という青天井にはしてくれなかったのね。**1人1800万円の投資元本の上限**が付けられている。

ある人が「同時に」保有できる「元本」の合計の上限という意味ね。

あくまで元本だから、NISA口座に入れた投資信託が上昇して時価が3000万円になっても、もちろんOK。それこそがNISAの目的だから。1800万円が3000万円になって売った利益1200万円が非課税ってことだ。

でもその1800万円の元本のうち、例えば500万円の元本で買った投資信託が800万円になった分、それを「部分解約」したら、500万円分が**1800万円の合計上限から「枠が空いた」として、翌年に復活する**の。

積立など同じものを複数回買っていた場合は、どれが売った分の元本に相当するのかがヤヤコシイけど、そこは平均の買付単価を用いて販売会社側で計算してくれるから大丈夫。

これ、ありがたいことなんだよね。

長期投資のつもりでいても、急にお金が必要になることはあるかもしれないじゃない。その時に一部売却した分の元本相当金額を、翌年またNISAの中に入れることができるのだからね。

ただし、翌年に早速その５００万円を一気に投資することはできない点は要注意。

なぜかというと、**それぞれの枠ごとに「１年間で使える上限枠」**というものが決まっているから。

「そんなにハイペースで１８００万円を使ってはダメですよ。積立も含めた時間分散で資産形成してくださいね」っていう金融庁のメッセージを感じる設計だな。

はい、これがそれぞれの枠の年間上限ね。

「つみたて投資枠」は年１２０万円までだから、毎月の投信積立の金額で考えると12ヵ月で割った月10万円。

２０２３年までの（旧）つみたてＮＩＳＡでは年40万円・月当たり約３万３０００円が上限だったから、２０２４年からいかに制度が拡大されたかがわかるよね。

「成長投資枠」は年２４０万円まで。

1年のうちどこか自分がいいと思った時に240万円分買ってもいいし、例えば60万円ずつに分けて4回とか、80万円ずつの3回とかに分ける「マイルール」でもいい。

手動で「分割投資」するのは面倒だから、この枠についても別途、毎月の投信積立の「自動運転」をセットしたいということも可能。

その場合は年240万円÷12ヵ月の月20万円までの積立ができてしまう。

つみたて投資枠での積立が月10万円までだから、両枠を合わせると、何と月30万円の毎月の投信積立を非課税制度の中でセットすることが可能だ。いったいどんな人がそんな金額の積立をするのか、と思う金額だけどね。

ちなみに、もうひとつだけルールがあって、それは**「成長投資枠」の合計上限は1200万円まで**、というもの。

1800万円のすべてを「成長投資枠」だけで埋めてはダメですよ、という意味だな。「つみたて投資枠」だけで1800万円を埋めるのはOKなんだけど、なぜか「成長投資枠」だけで埋めるのはダメなんだ。

成長投資枠の毎年の上限は240万円だから、毎年やっていると5年で1200万円に達することになるね。

ということは、1800万円に対する残りの600万円分をもったいないと思う人は、「つみたて投資枠」を使って600万円を埋める必要があるということだ。

この2つの枠は併用できるんだけど、同じ金融機関でないとダメなの。「つみたて投資枠」はA社で「成長投資枠」はB社で、というのはダメ。あくまでもNISA口座の中の2つの枠だからね。

どうだろう。制度の仕組みは以上なんだけど、理解できたかな。

最初に言ったように、NISAは単なる口座の名前であって、売る時までは関係ない。売る時に利益に対する税金が免除されるってだけだからね。

つまり、**中で何を買うかの大方針こそが大事**。

それがNISAで買えるならNISAの中で買えばいいし、仮にNISAでは買えない投資信託が自分にとって買うべきものだと思うなら、NISAを使わずに特定口座(普通の口座)で買えばいいのよ。極端なこと言ってると思うかもしれないが、そんなことはない。

例えばNISAで買った100万円のファンドが200万円と2倍になったら、100万円の利益はフルで受け取れるよね。でも、特定口座で同じ100万円が225万円になっていれば、利益125万円の8掛けは100万円だから、税金払った後の金額はNIS

Aのケースと同じなんだよね。

「**せっかくの非課税枠を使わないのは損だ**」って思う？　もちろん上限1800万円まで使えばいいし、大概のファンドはＮＩＳＡで買えるからＮＩＳＡでいい。

でもあえて言いたいのは、「ＮＩＳＡを埋める」から考えるのは順序が逆だということ。

最初の頃に、人気ファンドランキングとかで買うファンドから決めようとするのは順序が逆だよ、って話をしたのを覚えているだろうか。

毎月の「天引き金額」の決定が一番で、商品は最後だ、って話をしたよね。

ＮＩＳＡについても同様で、「非課税で最大限にトクしてやろう」なんて考えから投資を考え始めないでほしい。買いたいと思う、自分にとって必要だと思うファンドを選ぶのが先。

次はまたファンド選びの話に戻ろうと思う。

課税口座であってもＮＩＳＡであっても大事な、最後のファンド選びの話だね。

29 じゃあどうする？ 投資信託選びの具体策

インデックスファンドの盲点

しばらく「インデックスvsアクティブ」の話ばかりしてきたね。あまりグダグダ言ってると、**「じゃあどうしたらいいのさ！」**って言われそうだから、そろそろ具体的なアクションについて話をしていこうかな。

もちろん、「これ買いなさい」と言うつもりはなく、今まで通り、考えるためのロジックについて話していきたいと思う。

前にも話したけど、インデックスファンドは指数への連動をめざしているのであって、投資家から預かった**お金を増やすことをめざしてはいない。**

そしてその指数自体も、市場の今をキャプチャ（捉える）し続けることが使命の経済指標のようなものであって、決して**指数の成長をめざして作られているわけではない。**これは

2人にもう一度思い出してもらいたい、とても大事なポイントだな。

その大原則を理解した上で、それでもS&P500やオール・カントリーなどの海外株式インデックスのファンドは、**ベースとして持っておくべきファンド**だと言っておく。

ただ、あえて「ベースとして」と言ったのは、それだけでは十分でないと僕は思っているから。

どの本もYouTuberもきっと「低コストのインデックスファンドを積立で買ってほったらかしにしておきましょう」としか言っていないと思うけど、思い切って僕の持論を話そうと思う。

まずインデックスには、宿命的な課題というか盲点があると思っていて、投資する君たちの時間軸が長ければ長いほど、本気であればあるほど、それは重要だと思っているんだよね。それは、これまで何度か触れてきた「**時価総額加重方式**」のこと。

S&P500もオール・カントリーも、メジャーな指数は時価総額加重方式で計算されている。

何度も話したけど、時価総額とは「株価×発行済株式数」のことだから、**たくさん株式を発行してきた大きな企業が、投資家に評価されて高い株価になればなるほど時価総額は大きくなる。**

創立間もない企業は、創業者が持っていた株式を上場時に一般の人に放出した株数プラスアルファ程度の株式数しかないから、株価が多少高くなったとしても時価総額はそんなに大きくない。株価も低い企業であれば、もちろん時価総額は小さい。

この時価総額というものが大きければ大きいほど、指数に占める割合が高くなる計算方法が「時価総額加重方式」だ。

もうひとつの計算方法が「単純平均方式」で、日経平均株価なんかがそうだ。細かな調整方法は置いておいて単純化すると、225社の株価を足して225で割るといった感じ。

どっちも一長一短あるんだけど、数年前からは特に、**時価総額加重方式の問題**が大きくなっていると思ってる。

それは、何度も出てきた**「GAFAM集中」に加えて、機関投資**

株価×発行済株式数
＝時価総額
そうそう。
いくら株価が高くても、
数が少ないと…
とかってコト?

家の「パッシブ集中」が重なって起こってきた数年だからだ。

「パッシブ」とはインデックスと言い換えてもいい言葉で、「機関投資家」とは年金基金とか銀行とか、ウチのような運用会社とか、とにかく仕事として株式市場にお金を投じている巨大な投資家のこと。

つまり、日本でインデックス投資が流行っているのとは比べ物にならないくらいの巨額のお金が、世界中のプロの投資家からインデックス投資に向かってきた、という意味だ。

「ＧＡＦＡＭ集中」の方はもうわかるよね。

グーグルとかアマゾンとかマイクロソフトとかの米国の巨大ＩＴ銘柄の時価総額が突出して大きくなり、Ｓ＆Ｐ５００はもちろんオール・カントリー指数にも大きなインパクトを与えるようになっていることね。

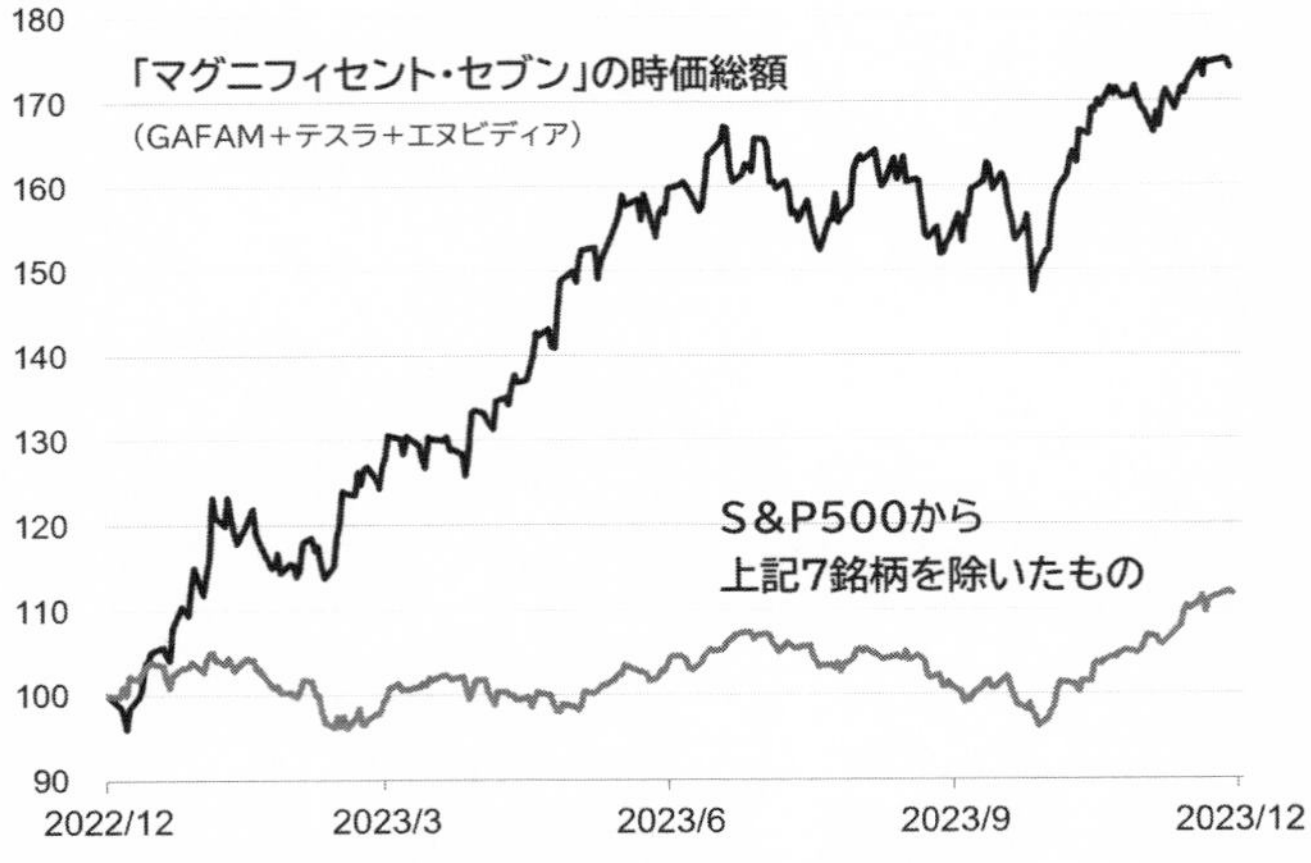

期間：2022/12/30〜2023/12/29　グラフ起点を100として指数化

2023年初からの短い期間のグラフではあるけど、このグラフはこの問題を端的に表しているんじゃないだろうか。

S&P500は数多くの米企業から一定の要件を満たした優良500社の平均株価では確かにあるものの、GAFAMなど限られた銘柄に過度に引っ張られている様子がわかるよね。

上位7銘柄を除いた指数をあえて作ってみたら、こんな横這いのグラフになるんだから。

グラフにある「**マグニフィセント・セブン**」とは2023年に米国で言われるようになった、人気銘柄群の新しいニックネームなんだ。

それまでのGAFAM（グーグル〈アルファベット〉、アマゾン、フェイスブック〈メタ〉、アップル、マイクロソフト）に電気自動車のテスラとAI時代の半導体メーカーのエヌビディアを加えた7銘柄のこと。マグニフィセント、壮大なる7銘柄という意味らしい。

これが意味するのは、広く分散されていて安心感すら抱かせるインデックス投資の一般的なイメージとは裏腹に、**まるで「AI&ITテーマ株投資」のようになっているインデックス投資の現状**だ。

これはいい悪いの話ではなく、時価総額の大小で重みを付けて計算するというルールに則ると、その時々の「**高株価の人気の大企業に重きを置いた投資**」になるという、いわばインデックス投資の宿命だと思う。

それは昔からある課題ではあるけど、ここまで極端になった背景にはさっき言った機関投資家の「パッシブ集中」があると思う。**世界中で巨額なお金が皆この同じインデックス投資をすることによって、この状況が加速しているんだ**と思う。

2023年に出た海外の行動経済学の本の邦訳版ではこんな風に表現されていた。同じことを言っていると思う。

『時価総額加重平均の考え方をインデックスファンドに適用するのは欠陥がある。どの企業への投資額も株価と連動するため、割高な銘柄が過大評価され、割安な銘柄が過小評価されるからだ』

『個人投資家にとって賢明なアプローチであると考えられているインデックス投資は、

その根底に行動上のガンを抱えている。S&P500のような時価総額加重平均型インデックスを買うと、（ITバブルピークの）2000年にはそのうち50％近くをハイテク株で、（リーマン・ショック直前の）2008年には40％近くを金融株で保有することになる』

『富の法則 一生「投資」で迷わない行動科学の超メソッド』ダニエル・クロスビー（徳間書店）

※カッコ内は筆者

投資の成功のカギは、できるだけ株式を「安く買って高く売る」だよね。

もちろんとっても難しいことだから、僕はそんなチャレンジを自分でしようとは思わないけど真理だろう。

でも、**時価総額加重方式のインデックスの中で起こっていることは、逆の「高く買って安く売る」**だと、この本は言っている。

時価総額の大きな銘柄がさらに人気になって株価が上がると、インデックスに占める比率はさらに高くなる。

機関投資家や我々個人投資家のインデックス投資へのマネーの流入は、それらの株をさらに上昇させることになる。**もしかしたら既に割高な株価になっているのかもしれないけど、インデックスの中での力、比率は自動的に大きくなっていく。**

逆に、株価が下がって割安になった株は、本当は買って増やしておきたいところだが、インデックスの中では時価総額の低下に伴って比率は自動的に下がり力を失っていく。

——確かに「安く買って高く売る」とは逆のことが起こっていると言えるかもしれない。

長々と小難しいことを言ってきたが、つまり僕は、**世界的な機関投資家のインデックス志向や、特に日本で顕著なインデックス投資ブーム**に対して、そこはかとない居心地の悪さを感じているんだと思う。

皆で一緒になって、**一部の銘柄に傾斜した「歴史的に割高な」株式投資を行っている側面があるのではないか？**　という心配。

もし僕の感覚が多少なりとも正しいとしたら、**指数を信じて長期の積立投資を行った君たちの「献身や忍耐」は十分に報われない、つまり過去に比べて低いリターンしか得られない可能性がある。**

君たちの皮算用計画では少なくとも年5%、できれば8%あったら最高、と考えていたはずなので、もしそのレベルのリターンが達成できないとすると、「人生のハンドルを握る」という目的が達成されないことになる。つまり「最後のリスク」が顕在化してしまう。そうしたモヤっとした心配を僕は現在のインデックス投資に抱いていて、だから「ベースとして」という言い方をしているんだと思う。

オール・カントリーへの「万能感」も気になる

巷ではまだ「やっぱりS&P500が最強!」「いやいや○○さんが本でオール・カントリー1本が賢いと言っていた!」という議論が盛んみたいだけど、そのモヤっとした心配からすると、**「良くも悪くもGAFAM頼み**という意味ではどっちもほとんど一緒だよな」というのが僕の理解。

「いやいや、**オール・カントリーは国の調整をしてくれるから、今後のインドの成長なんかも押さえられるでしょ**」と言うかもしれないけど、それは違う。

インドに限らず、色んな国の色んな企業を押さえてはいるけど、ファンド側が良きに計らって「調整してくれる」わけでは、まったくない。

これはまたさっきとは多少違う話なので説明するね。

少し前に、あるオール・カントリーのインデックスファンドの月次報告書を見せたことがあったよね。そうそうこれ。

左の上位10ヵ国でも右の10通貨でもわかる通り、インド株がオール・カントリー指数に占める比率は今1・6%しかない。

ということはつまり、**もし今から1年間でインド株全体がドーンと2倍になったとしても、オール・カントリー指数に対しては1・6%分しか寄与できない。**

2倍になるということは100%のリターンということなので、まさにその1・6%分。基準価額が10000円ならわずか160円の上昇でしかない。

インド株が2倍になった1年後には、オール・カントリーにおけるインド比率は、他の国の企業の株価動向にもよるけど、今の1・6%ではなく2%とかになっているかもしれないね。

それでもまだわずか2%なんだよね。しかし既にこの1年でイン

オール・カントリー指数連動のインデックスファンド

組入上位10ヵ国

1	アメリカ	59.3%
2	日本	5.3%
3	イギリス	4.0%
4	カナダ	2.8%
5	スイス	2.8%
6	フランス	2.8%
7	中国	2.7%
8	ドイツ	2.0%
9	オーストラリア	1.7%
10	インド	1.6%

組入上位10通貨

1	アメリカドル	63.7%
2	ユーロ	8.0%
3	日本円	5.4%
4	イギリスポンド	3.7%
5	カナダドル	2.8%
6	香港ドル	2.8%
7	スイスフラン	2.4%
8	オーストラリアドル	1.7%
9	インドルピー	1.6%
10	台湾ドル	1.5%

あくまで本書の内容をわかりやすくするためであり、
具体的な商品の内容を解説するものではありません。

ド株自体は2倍になってしまった。「おいしいところ」は終わってしまったかもしれない。

いやいや、まだまだこれから。次の1年もそこからさらに2倍になるかもしれないね。

はい、確かに。だとしても、その100%上昇の恩恵は、指数に占めるインド比率である2%分の200円しか獲れないんだよね。

もし君たちがインドの今からの成長を資産運用に取り込みたいと思うのなら、オール・カントリーの中の1・6%の比率としてではなく、別途インド株のファンドをそれなりの金額で買わないと、その望みは叶わない。

別にインドのファンドを買うべきだと言ってるわけじゃないからね。

ただ、そうした算数的な**シンプルな仕組みの理解を持った上で、いい悪いを考えてほしい**ってことなの。ネットの情報の中には、果たしてどこまでこうしたことを理解して発信しているのか、怪しいのも多いしさ。

S&P500かオール・カントリーをベースに「チューニング」

さて、ようやく結論言うけど、インデックス投資を考えるにあたっては、今のインドの例で話したような**チューニング、補正が必要なんじゃないだろうか。**

つまりインデックス投資をベース（基盤）にしつつ、**自らの方針による補正をして資産運用計画の設計図を描く**ことが必要なんじゃないかな。

インデックス投資の問題点、というか構造上の避けられない盲点、現在特に強まっている懸念についてネガティブな話ばかりをしてきたけど、じゃあそれに代わる賢いやり方があるのかというと、やっぱりないんだよね。

今のインデックス投資ブームとそれが引き起こしているかもしれない課題と心配は感じつつも、資産運用計画のベースとして、インデックス投資が最も「無難」であることは変わらない。

ベースとして選ぶ指数は、オール・カントリーでもS＆P５００でもどっちでもいいと思う。

ただ、ＧＡＦＡＭ比率を下げておくという意味だけでいえば、オール・カントリーの方が適しているかもね。その上で、どういう方針でチューニングしていくか。

残念ながら唯一の正解はなくて、自分で考えないと絶対にダメ。

２つの考え方だけ整理しておきたいと思う。

ひとつの考え方は今インドの例で話したような、**国・地域の観点からの補正**。オール・カントリーのあの時点の月次報告書でインドは1・6％だったけど、日本だってわずか5・3％なんだよね。

日本株の今後について正直僕はよくわからないけど、近年、日本株の投資魅力が全体として高まっているとは言われている。

ただ、その恩恵にあずかるためには5・3％では明らかに足りない。

日本株の比率を増やす補正をすると、全体における為替リスクが減るのはいいね。

だって、S&P500にしてもオール・カントリーにしても、もし現地で株価が2割上がっても為替が2割円高になっちゃったらチャラだからさ。投資信託の基準価額としては上がらない。

日本株の比率が高くなればなるほど、その為替で振らされる割合が減るわけだ。

もうひとつの考え方は、前に話した「**コンセプトファンド**」**による補正**だと思う。

仮想敵としてのベンチマークを設けず、**ただただ、将来の世の中がどう変わるかから逆算して今を見るっていう投資**。

つまり今はまだ時価総額が小さな企業の方にこそ注目する投資なので、まさに**インデッ**

クス投資の真逆だよね。インデックス投資の盲点を補正するには、いい組み合わせ相手だ。

ケーススタディ　インデックスファンドをベースとした「チューニング」

「補正計画」を具体的に考えてみようか。

もちろん唯一の正解として勧めるものではなく、今後君たちがどういうロジックで考えるといいのかという、あくまでケーススタディのひとつとして聞いておいて。

まずNISAのつみたて投資枠で完結するケースからいこうか。

さっき挙げた日本株の比率を上げる補正を考えてみよう。

月の上限10万円までを考えるとするなら、7万円をオール・カントリーで、3万円をつみたて投資枠適格の日本株のファンドでセッティングするっていうのはどうだろう。

あ、別に7：3にすごい根拠があるわけではないからね。

僕らの業界はつい「リスク・リターンの効率が最も良くなる比率は7：3でして……」ってやりがちなんだけど、そういうのではなくて、あくまで僕の感覚的なもので決めさせてもらいました。

そもそも2つのファンドを持つ理由は最終的なリターンを考えるからであって、数学的なリスク・リターン効率の向上ではないじゃない。

僕はもともと、一般個人に対してファンドの組み合わせをリスク・リターンの最適化から説明するのって意味がないと思ってるんだよね。

仮に合成した数値がリスク・リターン的に最適な値動きだとして、そこに実際的な意味はあまりない。

だって2つのファンドを持っていれば、それぞれの基準価額が、ただそれぞれに気になるだけなんだから。

もちろんウチの会社がバランスファンドを設計する際なんかには、そういう組み合わせの最適化については死ぬほどこだわるんだけどね。

脱線したが、ひとつの例としてNISAつみたて投資枠を7万円のオール・カントリーをベースに、3万円の日本株のファンドで補正するというアイデアを挙げてみた。

日本株のつみたて投資枠適格ファンドは結構あるので、選ぶのには困らないと思うけど、**TOPIX（東証株価指数）のインデックスファンドがいいのか、一般的なアクティブファンドの適格ファンドを選ぶべきか**は、これまた悩ましいんだな。

TOPIXって、S&P500に比べるとまた別の問題というか課題がある。

今は呼び名から変わってしまったけど、昔でいう東証一部上場企業全部を入れているのがTOPIXなんだよね。

でもさ、全部って全部すぎるでしょ、って思うわけ。少しはスクリーニングしてくれないかなぁと。

かといって、全業種の代表選手を日本経済新聞社がチョイスした225社からなる日経平均株価のインデックスファンドがいいのかというと、もう脱線がすぎてしまうので詳しくは言わないけど、それはそれで気になる。

もし、つみたて投資枠に合格しているアクティブファンドから納得いくものが選べるなら、それがいいかもしれない。

さて、次のアイデアにいこう。

NISAには成長投資枠という、年間240万円まで投資できる枠があるよね。**つみたて投資枠に成長投資枠を組み合わせて「コンセプトファンド」で補正していく**っていうのはどうだろう。

コンセプトファンドのほとんどが成長投資枠でしか買えないからね。

ちなみに**成長投資枠であっても、別に一括で買う必要はなく毎月の積立で買っていける**ので、両方とも積立にすればいいからね。

その際、**つみたて投資枠の月10万円を使い切らないと成長投資枠での積立をしちゃいけないようなイメージがあるかもしれないけど、そんなことはない**んだよね。

つみたて投資枠と成長投資枠をことさらに分けずに、まずは**自分が行うべき積立の総額を先に考え、その後に「買いたいファンドがどちらに属するか」を考えるという順番でいい**んだよね。

そういえば最初にその話をしたじゃない。覚えてくれてる……よね。給料の25％、できれば35％を強制天引きすることから考えようねって話。

その金額全体をＮＩＳＡの中で、**買いたいファンド目線で割り振る**という考え方だ。

わかりづらいよね。具体例を挙げて説明してみる。

例えば、手取り20万円の30％である月6万円の積立と、ボーナスでは15万円の一括投資ができるんだとしようか。

毎月の積立とボーナス、それぞれで考えてみよう。

さっきと同じ7：3のチューニングとするなら、積立の6万円については4万円のオール・カントリーのインデックスファンドをつみたて投資枠で買い、2万円のコンセプトファンドを成長投資枠の積立で買えば大体7：3だ。

つみたて投資枠は10万円あるのに4万円しか使わないのはもったいないと思う必要はない。成長投資枠の積立で申込手数料がかかるというなら別だけど、そうでないならどっちもNISAの積立だから同じこと。

前にも言ったが、考える順番を間違えてはいけない。自分が買いたい、積み立てたいと思うファンドありきで考え、その後に枠の方を選ぶということだ。

そしてボーナスの15万円についても、オール・カントリーのインデックスファンドを10万円、コンセプトファンドを5万円で成長投資枠で一括投資すれば、これも大体7：3だよね。

今、「一括投資すれば」って言っちゃったけど、これは実は悩ましい。

株式100%のファンドを、ボーナスが出た後すぐに**一発のタイミングで、いわゆるスポット買いして大丈夫か、**だよね。

これ、随分前に話したことあるのを覚えているかな。

タイミングを計っていると「今日より明日の方が安く買えるかもしれない。いやいやもっと待った方が……」になるに決まっているんだから、今日か明日かの違いなど誤差になるくらいの大きなリターンをめざそうぜ、みたいな「男気」あることを言った記憶がある。

とはいえ、買った後にすぐに下がったらすごく気分が悪くなるのは事実なので、ここはお任せする。

何だったら3ヵ月毎の3回に分けて機械的に買うとかの方がいいのかもしれない。株式100％のファンドで3ヵ月の間が空けば、まあまあの買値の分散にはなるはずだから。

ただ**機械的にやることが大事**。まずはボーナスが出た直後にすぐに全部を証券会社に送金して、1回目の3分の1の金額ですぐに買う。

そしてスマホのカレンダーの3ヵ月後の同じ日とかに、「2回目買付注文」と入れておく、とかね。

30 どんな投資信託が〝積立最強ファンド〟なのか？

「ドルコスト」は魔法の杖じゃない

さっきはオール・カントリーなどのインデックスファンドをベースに「チューニング」を施すという考え方のもと、「買いたいファンドありき」でNISAという器を使っていくという考え方を紹介したね。

あくまで買いたいファンドが主でNISAは従なのだから、それが逆になる主客転倒には気を付けてね、という話をしたつもり。

今から話すことは君たちのファンド選びにとって、きっと意味ある話になると思う。積立にはどんな性質の投資信託がフィットするのか、というまさにど真ん中の話だから。

最初の頃に、僕自身の33歳からの積立の話をしたのは覚えてるよね。

日本株に絞っちゃったという後悔はあれど、それでも素晴らしい成果だったことを自慢したよね。

その理由として、途中で大きく下がった時に口数を大きく増やしていて、それがその後の上昇局面で花開いた、ターボがかかってグワっと大きく増えていったという、投資信託の定額積立ならではの効果の話をしたよね。

専門的には**「ドルコスト平均法」**の効果っていう言い方をする。

ところで、何で「ドルコスト」なんだって思うよね。

イギリスでは「ポンドコスト平均法」って言うらしいから、日本独自のネーミングがあってもいいはずなんだけど、昔誰かがそのまま使っちゃったのが広まって今に至っているんだと思う。

要は「定額」の定期投資のことで、投資信託の積立は金額を指定して口数を毎月仕入れていくのでピッタリ該当するわけだ。

僕は2000年に日本株ファンドで積立を始めたんだけど、ITバブルの崩壊でいきなり暴落し、そのまま日本経済は銀行の不良債権問題などで本格的におかしくなっていく。

2003年頃にはようやく下げ止まって反発していくんだけど、2008年にはリーマン・ショックでまた大暴落して……って話だった。

その間、僕はずっと積立をやめずに続けたわけだけど、今言った2度の暴落が実はすごい価値があったんだったよね。

基準価額が激しく下がり続ける中、同じ金額で同じファンドを買っていることで先月より今月、今月よりも来月にゲットする口数が多くなるかたちで、僕は口数を溜め込んでいた。それが2013年頃からの日本株の回復ですごい勢いで花開いていったと。

あの時は言わなかったけど、実はこれって**ドルコスト平均法の理想形**なのよ。**途中で大きく下がって後の方で上がる**。これが積立の理想なの。この話をしていくね。

ところでネットとか本では、「定額」積立と「定口数」積立の比較とか、一度に買うべきか、ドルコストで買うべきかとかといった話を見かけるけど、積立の「投資手法としての優劣」の議論って意味ないんだよね。

まとまったお金があって、もし明日から上がっていくのなら、今日一括で買うのがいいに決まってるんだしさ。

僕も君たちもそうだけど、積立ってそうしたまとまったお金がない場合に「仕方なく」選ぶものなんだよね。

まとまったお金がない、あるいは十分にないからコツコツと毎月積立するしかないからやるのであって、ドルコスト効果が優れてるから選ぶという話ではないはずだ。

僕の例みたいに、理想的な軌跡だったおかげでドルコスト効果が発揮される場合もあるけど、そうでない可能性だって十分あるよね。

もし日本株が今もずっと低迷しているなら、僕の積立は今みたいに花開いてはいないわけだよね。少なくともまだ。

もちろん、コツコツと続けてきたことで、いつの間にかたくさんの投資元本は投じられてきたし、毎月買ってきたことでその買値は均されていて、それが賢い投資になっていることは間違いないわ。

もし今まだ日本株が低迷したままだったとしても、今後ちょっとでも上がってくれたら僕の積立はやっぱり成果が出るはずだ。途中で適当に相場を見て、積立を停止したり再開してみたりしていたら、それは絶対に叶わない。

あ、「今後ちょっとでも上がったら」僕の積立は成果が出るってところ、意味わからないかな。説明するね。

優秀なファンドって？

このグラフは、あり得ないけどリスクがゼロのファンド。もう少し丁寧に話すと、日々のブレの大きさという意味でのリスク、前に話した「途中のリスク」がゼロのファンドってことね。それの5年間の軌跡です。

そのファンドに毎月1万円ずつ積み立てていった場合の金額がグラフの中にある数字で、積立元本60万円、つまり月1万円・年12万円・5年で60万円という積立元本が、最後に75・5万円になったことを示している。

この5年間のリターンはわかるだろうか。10000円の基準価額が5年で16000円になっているのでリターンは60％だね。一般的には年率で表現するので、60％を5年で割って単利換算で年率12％、複利換算してみたら年率9・86％だった。この年率換算の話、覚えてるだろうか。そうそう、ルートとか何乗とかで話したやつ。

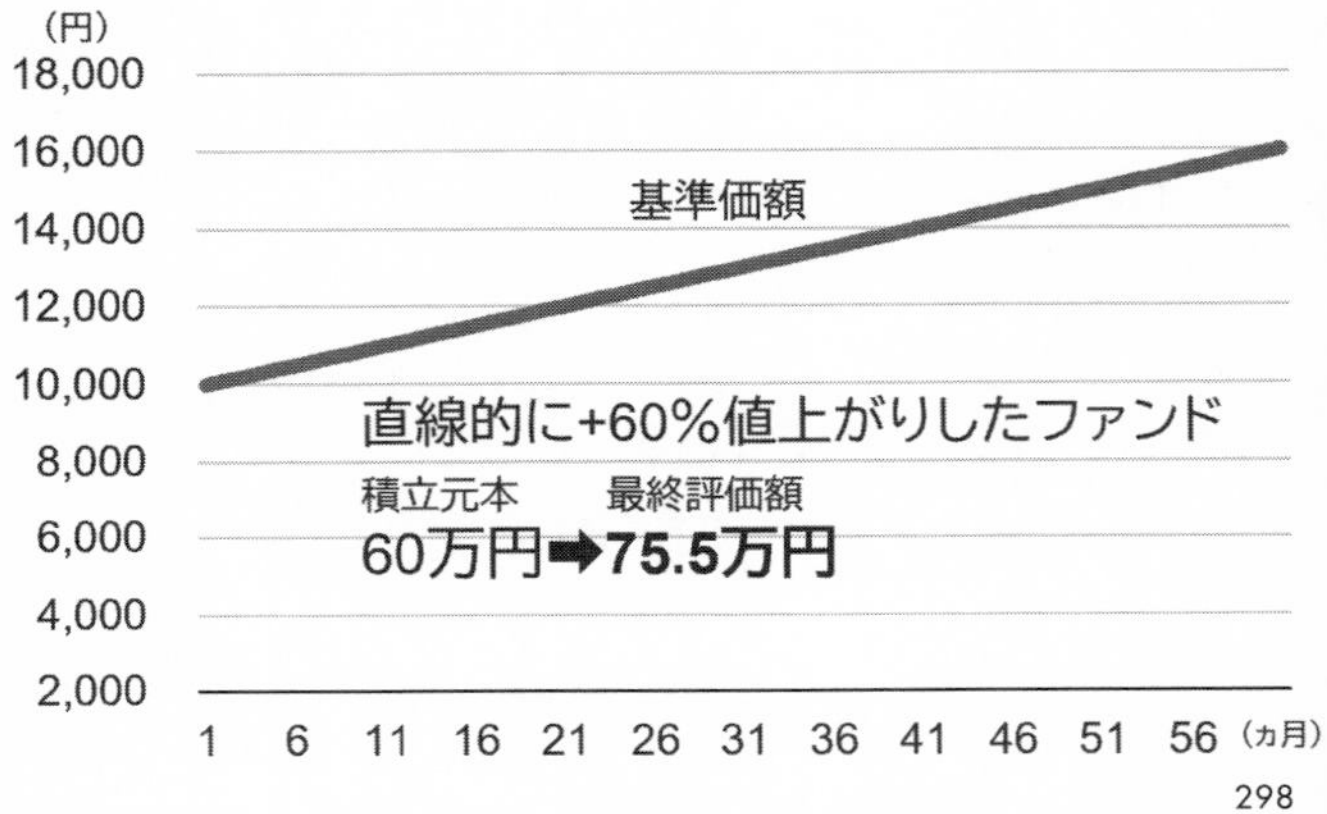

その年率９・８６％のリターンを「どの程度のブレで達成していたのか」を事後的に測る考え方があって、それをシャープレシオと言うのね。覚えないでいいです。「リスク当たりリターン」という言い方もするかな。

シャープレシオは分母のリスク、つまりブレ方が小さくて、分子のリターンが大きいほど高い数値になり、それが高い場合は上に下にのストレスが少なくて、かつちゃんと上昇した「いい運用だった」ことを意味する。「このファンドの過去5年間の運用は優秀でしたね」と過去を評価するモノサシってわけ。

Ｓ＆Ｐ５００やオール・カントリーみたいな指数の**インデックスファンドへの投資は、このシャープレシオが高い世界に近づこうという行為**だと思う。

だって、例えば１つの企業の株式に投資するのって、５年後に60％以上に上昇するかもしれないけど、途中の上下動はこんなに小さいわけないよね。

もっと上に下にと激しく動くはずだ。シャープレシオは低いはずだ。

でもＳ＆Ｐ５００なら５００程度の銘柄に分散するし、オール・カントリーなら２千数百の銘柄に分散していることになるので、途中の上下動はそれよりは絶対に小さいだろう。それが分散を旨とするインデックスファンドへの投資ってわけだ。

でも、こと**「積立対象」として考える場合、実は「シャープレシオが高いのがベスト」とは言えなくなる。**これ、あんまり言われないことだけど、事実。

積立にとって「いい軌跡」

積立の場合は、そのファンドが**どういう風に動いていくかという「軌跡」が大事。**それがすべてと言っても言いすぎではないくらいに大事だ。

積立の場合、実は下のグラフのような軌跡の方がいい結果になるんだよね。

5年間の前半の約3年はずっと横這いで全然上がらず、後半からようやく上がっていく。最初のグラフと同じ16000円のところまで上がってくれて最後にホッとした感じかな。さっきのに比べるとまったく「優秀」じゃない。

でも、グラフの中に書いてあるように、このファンドへの積立

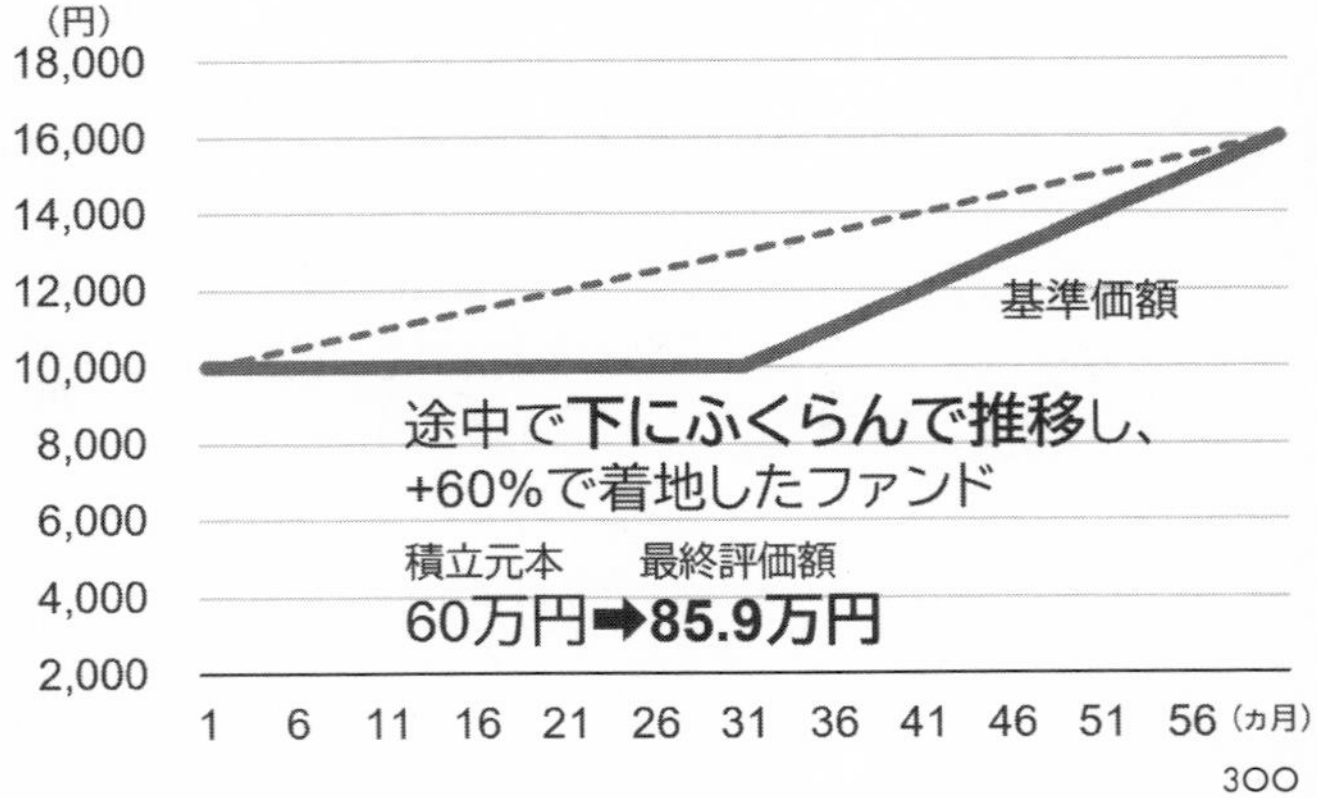

の結果は85・9万円だ。

さっきの75・5万円よりも「優秀」な積立結果となっている。

理由はもうわかるよね。毎月買っていく積立の場合、この前半戦において、低い基準価額で仕込めていることが功を奏したわけだよね。

もっと面白いケースを見せようか。これです。

さっきのケースの前半戦はそうはいっても横這いだったけど、これはひどい。

積立を始めたすぐから下がっている。しかも10000円が4000円だから「暴落」と言ってもいいだろうな。

その後上がっていったけど、さっきのファンドたちのように16000円のところまでは上がれなかった。**ようやく最後にスタート時の10000円に戻っただけ。**

しかし、しかし、しかし。

もうグラフの中の数字に気付いてくれている通り、このファン

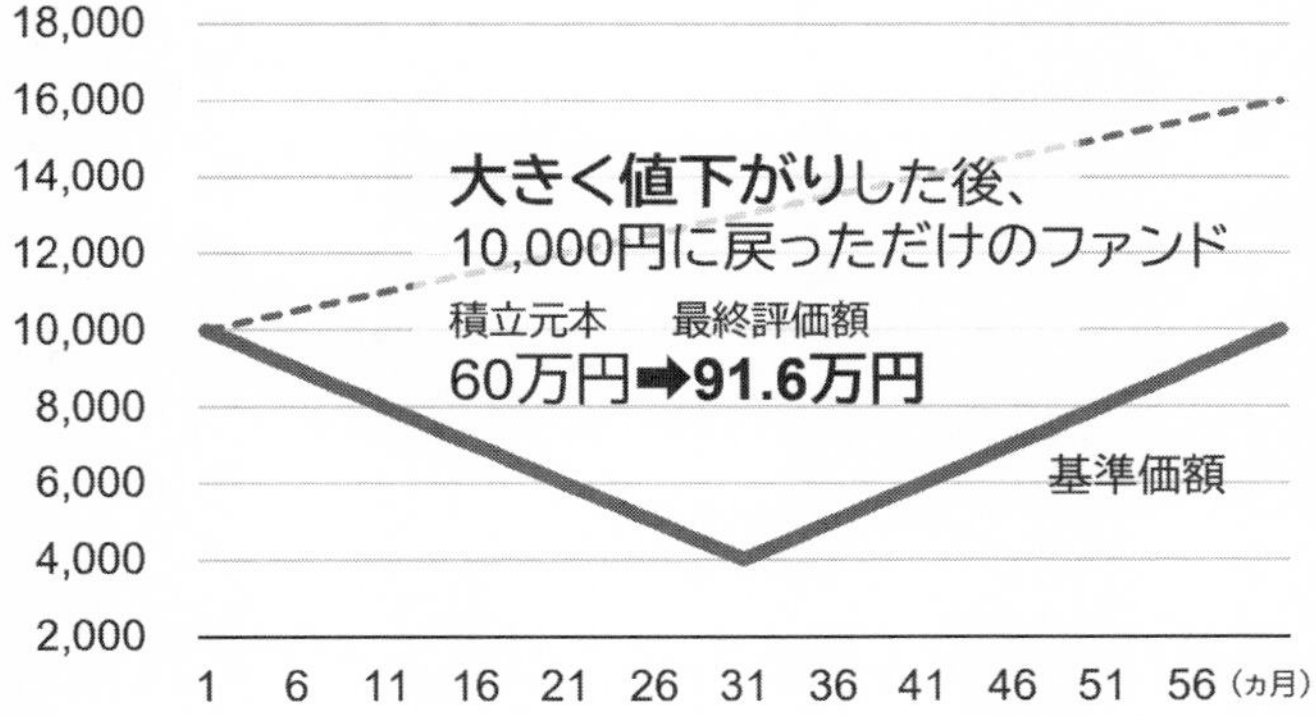

ドへの積立結果は91・6万円。**これまで見たどれよりも「優秀」な積立結果となっていることに驚く**よね。

もうわかってると思うけど、4000円までの下落局面において口数をたくさん仕込んで来たおかげだ。

その後の回復が10000円というスタート時点に戻るだけのものであっても、十分に大きく作用しているわけだね。

ドルコスト効果全開だ。もしここから基準価額が上昇していったら、前のグラフのファンドとの差はさらに拡がっていくことになる。

まさに僕の20年以上の積立はこういうことだった。

2回の激しい下落時に「**下がっても嬉しいのが積立だ。上がるのは最後でいいのが積立だ**」とばかりやめなかった。

そして僕の積立の「軌跡」は、結果的にはドルコスト平均法の理想形だったということだよね。

シャープレシオとは無関係の「積立向きの軌跡」という観点は、あまり言われないがとても大事なことだ。

最初に言ったような1銘柄とかの個別株投資はまったく勧めないけど、**「値動きのリスクは大きいが、長期の成長期待も大きい」といったタイプの投資信託**は「積立向きの軌跡」を期待するファンドとして一考に値すると思う。

少し前に**「コンセプトファンド」でチューニングする**話をしたけど、それはこの観点からも当てはまる。

ロボティクスとかフィンテックといったイノベーションテーマは、長期のメガトレンドだと僕は思っているけど、そのテーマから選ばれるような企業の株式はまだ十分な利益が出ていなかったり、やっているビジネスが皆にちゃんと理解されていなかったりする。

既に出来上がっている、時価総額の大きな企業に投資するコンセプトではないんだから、そうなるよね。

するとどうしても短期目線の投資家がワッと買い上げてしまったり、サーッと引いてしまったりで、株価の動きが激しくなりがちなんだよね。

そして「残念ながらマーケットはひとつ」なもんだから、その値動きはそれらファンドの基準価額にも反映されて、激しい値動きのファンドということになる場合が多い。シャープレシオの低いファンドだね。

積立をしている最中に大きく下がる局面は何度も出てくると思う。

下がる時に普通のインデックスファンドよりも大きく下がるのは、ほぼ間違いない。

逆に時々急に大きく上がることもあると思う。

でもホッとしたのもつかの間、また下がったりするのよ。

ついつい力が入っちゃうのは、僕の積立は今、こういうファンドになってるからなんだよね。

あ、これ初めて言ったね。

24年前に始めた僕の日本株ファンドでの積立は、実は8年前に今のマンションの頭金を作る時に一部売ったんだけどね、その時に残りも一緒に見直そうと思って初めての切り替えをしたのよ。それ以降はずっとそう。

もう僕の「手の内」の話はいいかな。

だって僕はさすがにここからさらに20年の積立はしないと思うし、そろそろ「出口戦略」ってやつを考える歳だからさ。

これから「20年の計」を行う君たちの話をしよう。

もし君たちがそうしたファンドも積立ファンドのリストの中に加えていたら、つまり普

通のインデックスファンドをベースに「チューニング」素材として加えていたなら、それらは20年後のトータルの結果に対して「大活躍」を果たしている可能性があると、僕は思ってる。

「積立向きの軌跡」を描いた結果として「チューニング」部分が大きな仕事をしているとね。

つまり、最初からしばらくは値動きが激しく、低迷期間も長く、したがって安い基準価額で淡々と口数を溜め込んでいて、というかそうならざるを得ない状態で、そして後半戦になってようやく、そうしたファンドのコンセプトに時代が追いついてきた結果として基準価額が上がっていくと。

まぁでも、話半分でお願いね。

そういう積立を「チューニング」どころか「メイン」にしちゃってる僕の個人的な意見だからさ。

これまでの他の話もすべてそうだけど、自分たちで納得ずくのかたちを作れるよう、考え方のロジック、頭の整理として受け止めてくれればと思う。

焦る必要はないんだから、じっくり考えて2人で相談して決めてもらえれば嬉しいかな。

積立にとって「ダメな軌跡」

最後にもうひとつのケースを見せておこうか。

さっきの逆で、途中で上にふくらんで16000円で着地しているね。

これ、今までのどれよりもお金が増えてない。67・9万円だ。

一番「優秀」でない結果だよね。

その理由はもう2人はわかってるよね。**高い基準価額で少ない口数しか溜め込めない前半を過ごすってことは、実は「ダメな軌跡」**だってことだよね。

これはなかなか深い、というか考えさせられる話だ。

だってこのグラフってさ、積立を始める時にイケイケで、**皆がいかにも「これが一番いいじゃん。上がってるし!」と選びそうな値動き**じゃない。

始めた後も基準価額は上がってて気持ちがいい。

「増額しちゃおうかな」「これまで3・3万円だったけど、10万円

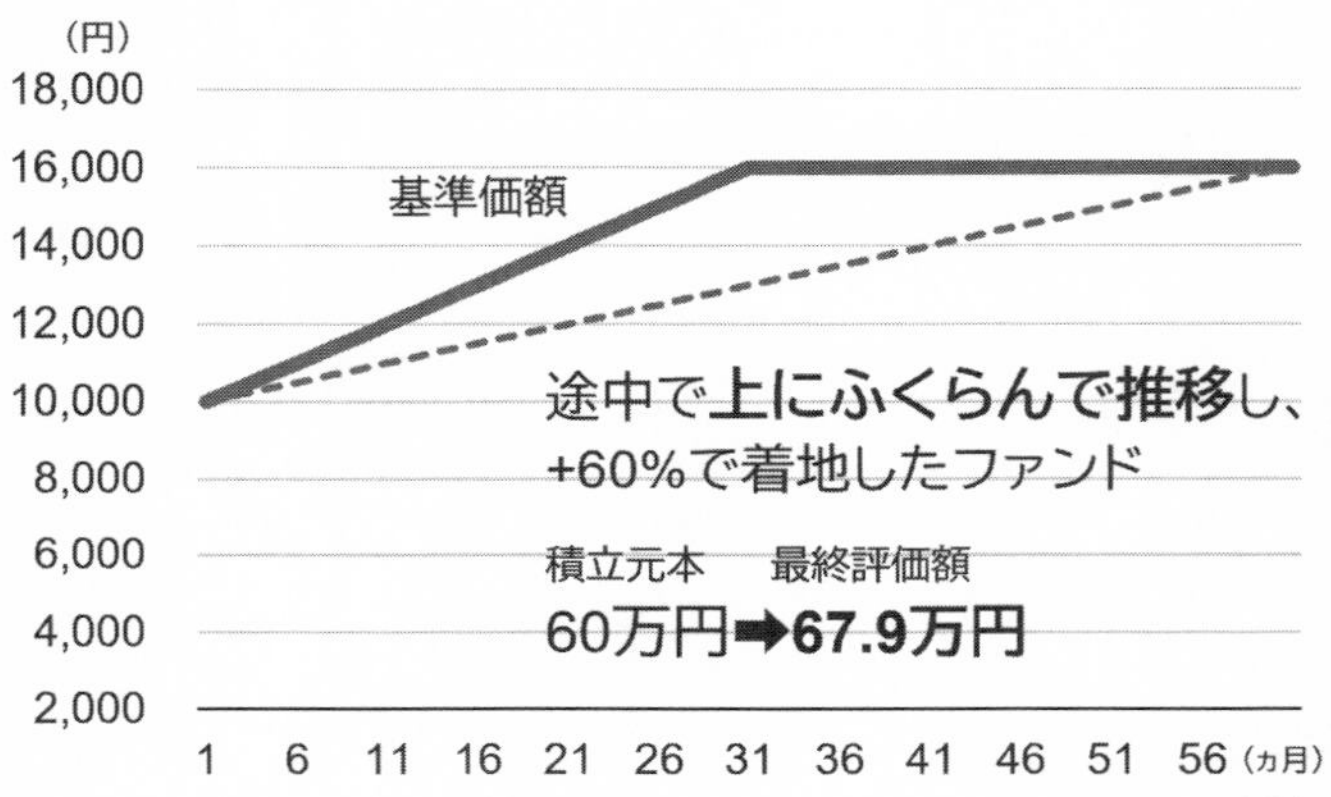

までこのファンドでＮＩＳＡは一本化しちゃおうかな」「**成長投資枠の積立までこれ一本で月30万円までいくで〜**」ってなりそうだ。

時価総額加重のインデックスに対する、世界中の機関投資家や日本の個人投資家からの集中に心地悪さを感じているという話を前回したよね。

今回の話とあわせて考えてみて言えるのは、そうした投資家の集中がもし**指数上位銘柄の株価を過度に割高にしている場合**には、その指数は今後このグラフのような「ダメな軌跡」を辿る可能性があり得るってことだ。

ちなみに「割高」っていうのは、その企業の利益に対して株価が高すぎるということで、ずっと前にＰＥＲの説明をしたのを覚えているかな。

15倍とか20倍っていう倍率で表すんだけど、Ｓ＆Ｐ５００の上位にいる銘柄のＰＥＲは、時期によるけど結構高くなっている場合がある。

マーケットって不思議で、イケイケな時は気にならなかったそうした割高さに、突然皆が敏感になる時が来るんだよね。

するとグラフの後半戦みたいな感じでスローダウンする時期を経験することになる。

もちろん、指数上位銘柄の株価は割高ではなく、今後のさらなる利益成長を先取りした水準で「あり続ける」という可能性も十分にあって、その場合は杞憂になる。

それに、前にも言ったように、これらの指数の代わりになるようなリーズナブルなベース（基盤）の候補は他にあまりないのだから、まったく無視する選択肢は取りづらいと思う。

さてさて。何度も同じこと言ってる気がするけど、いくつかの大事な原理原則的な理解をもって、自分が一番スッキリするかたちを「全体設計」するしかないと思うよ。

人に説明できるくらいに理解した全体設計の方針をぜひ2人で作ってほしいな。

最初の頃に言ったことだけど、僕らは何も決まっていない未来に向かって投資をしていくんだよね。

つまりすべては今後どういう経済情勢の下で積立なり一括投資をしていくことになるのかという「運」に左右されてしまうんだよ。

だからこそ、やめないための固い方針が必要だし、「最後に笑う」ためにベストと自分が考える、**誰かのお勧めなんかじゃない設計図**が必要だ。

31 父から（ようやく）最後のお話

ついに最後です。今まで精神論から投資信託の仕組み、最後は結構本格的なファンド選びの方法論まで話してきたね。

今から総まとめの復習大会にしようと思う。君たちのことだから忘れてることなんて断じてないと思うけど……、まぁ何事にも復習は大事だからね。

「必ず元本割れするもの」をなぜやるのか

最初の頃に「**投資信託はほぼ間違いなく元本割れする**」ものだと言ったよね。

日々基準価額が変動する以上、その日から一直線に上がっていく大底で買った「奇跡の人」以外は、翌日なのか1年後なのかは別として、必ず買値を下回る日「含み損」を経験するよ、という意味だった。

そんな**嫌な思いをすることがわかっているものをなぜ買うのか。**

それは、(預金という)**直線を諦めて**(投資という)**曲線を受け入れる**ことでしか、**自分の人生を前向きに設計する**ことができないからだったよね。

この10年くらいで投資を始める手続き面のハードルはとても下がった。前はネットで申し込んでも紙の申込書が郵送されてきて、印鑑押して免許証をコピーして添えて返信して……って世界だったのが、劇的に簡単になった。

でもその分、口座は開いたけどそれきり放置してしまったり、僕が何度もしつこく言ってきた「覚悟」がないまま始めたせいで、少し下がったところで積立を停止してしまったり、目的意識が弱いせいで、相場に合わせて変な売買に走ってしまったり、という人も結構いる気がする。

簡単に始められるようになったし、NISAみたいな背中を押してくれるものも増えたけど、一方で「**簡単に始めないこと**」**も大事**だと思う。変なこと言うようだけど。

とは言っても、ライフプランニングとかキャッシュフロー表の作成から取り組めとか、ファイナンシャルプランナーを探して相談しろとかはまったく思ってないからね。

そもそも人生はプランした通りになんていかないし、そもそも自分の人生設計の根本部分を赤の他人に頼ってはいけないのよ。

そういうことではなく、**「人生のハンドルを握った大人家族になっている！」のような、自分たちが本気でめざしたい大きな目的意識や憧れ**を持つことの方が大事だと僕は思うな。それが持てれば、そのために前向きにリスクを取る、元本割れするものを喜んで買う、ということに腹の底から納得できるから。

そういうことこそを、2人で話してほしい。

どんな40代になりたいか、どんな50代になりたいか、どんな60代、70代、80代になっていたいのか。それまでの過程ではどんな風な幸せな毎日を過ごしたいのか。

そして、そのためにはどういうお金を家族として作っていられたらいいのか——。

そういうことを考えるのに、2人の時間を使ってほしい。

「NISAのお得な使い方！」や「買うべきファンドはこれ！」みたいな動画を見るのではなくてね。

ところで、そうした「人生のハンドルを握った大人家族になっている」といった大きな視点に比べると、「家を買う」とか「子供の教育のために」とかといった、使い道と時期が想像できるような目的には投資はフィットしにくい気がする。

だって、使う時にたまたま大きく下がっていることだってあり得るわけよ。時間が短ければ短いほどそうなる。それこそ「運」だからさ。

その「たまたまの下落」によって、買いたい家が買いたい時に買えなかったり、子供に理想の教育を与えてやれなかったりなんてことはあってはダメだよね。

もちろん預貯金ではまったく利子が付かない状況だから、場合によってはリスクを抑えた投資信託を考えてもいい。そういえば、前に少しバランスファンドの話もしたよね。

何がなんでもS&P500やオール・カントリーしかないと思い込むのは違うって話ね。

そんな風に、遠い目標と近めの目的とを意識した「**お金の色分け**」についても、2人で話し合えるといいね。

遠い目標を2人で共有するのはすごく大切だけど、近めの目的について話し合うのもワクワクする、とても素敵なことだと思う。

相場観でなく「投資観」を

「簡単に始められる!」押しの宣伝はたくさんある。芸人とコラボした楽し気な動画もある。そして「まずは試しに1000円からでも」というアプローチも多い。

でも「試しに1000円」ではなく、しっかり考えた結果の**自分にとっての「本気の積**

立」でないとダメだという話をしたね。

大事な人生に対する一大プロジェクトなんだから、始める時にはそれなりに時間をかけて、それなりに正しい情報をインプットしてほしい。

そして「本気の積立」「本気の投資」を始められたあとは、忘れたように過ごしてほしい。

つまり、日々のマーケットを理解しようなんて勉強や情報は不要だし、投資テクニックの勉強もしない方がいい。

昔から「相場観」っていう言葉があるんだけど、そんなものは要らないって話よ。

僕は30年以上この世界にいて、日経新聞を隅から隅まで読み、テレビの経済ニュースも見てきたけど、来週の株式市場ですらどうなるかわからないわ。来年の年末に、今より上がっているか下がっているかだって自信ない。

そうした鍛えても強くならない「相場観」ではなく、君たちには**確固たる「投資観」を身に付けてもらいたい**と思う。

さっき言った「なぜ元本割れするようなものを買うのか」に始まり、自分はいかに「**ムード**」によってコロコロ変わるマーケット、有象無象が参加している「**残念ながらひとつ**」のマーケットに向き合っていくのか、というスタンス。

そして「**短期の株価は意味不明だが、長期の株価はシンプル**」であることや、「**我々に欲がある限り経済は右肩上がり**」であるといったことへの納得。

そうした骨太なスタンスや納得をもってマーケットを「賢く利用」し、**人が右往左往する時にも悠々と過ごし、最後には大笑いしてやるのだ、という達観。**

こうしたことが、君たちにぜひ持ってもらいたい「投資観」だ。

自分なりに納得できるものだけでいいから咀嚼し、人に話せるくらいにシンプル化して自分のものにしてほしい。

それが自分の中に大きな方針を作り、最も大事な「**意志ある楽観主義**」と**胆力**を作り上げると思う。

手前味噌すぎるが、今までの父の話だけで必要にして十分だと言っておく。

「しょせんは運」というクールさを

NISAで投資信託を始めれば夢のようなことが起こるという期待は間違っているという話もしたね。

人生設計にインパクトを与える、色んな選択肢を摑み取れるようなお金を作るには「元本の大きさ」、つまり「本気の積立」「本気の投資」であることが圧倒的に重要であり、投資信託などはそれに少し力を上乗せしてくれる程度のものだと思っておくべきだ、というクールなスタンスを勧めたよね。

なんたって「運」次第なんだから、って言い方もしたよね。

君たちが始め、続けるこれからが、どうかいいマーケットでありますように。

元本の大きさについては、今の自分にとっての「本気」の金額にしたあとは、**いかに「入金力」を上げるか**だという話もした。仕事で頑張って給料上げて、毎月の積立額を増額しようって。

運用がうまくいくように「運頼み」するだけでなく、途中からでも毎月の積立金額を増やす方が圧倒的にインパクトがあるからね。

そういう意味では、時には自分の仕事の状況と将来についても、投資と同じような時間軸でじっくり考えてみるのもいいかもしれない。はっきり言うと転職ね。

転職をそそのかすなんてお母さんに怒られるな。

でも、いい転職は「入金力」を効率的に高める効果をもたらす場合がある。

もちろん資産運用と同じようにリスクも大きい。両方とも自分で考え納得し、アクションを起こさないと始まらない点は一緒だね。

ただし、今の仕事で頑張って評価されるにしても、転職でジャンプアップするにしても、無理しすぎはいけない。**心身の健康と家族よりも大事な仕事なんてないんだからさ。**

仕事をしていく中では、我慢できないくらいに理不尽なことがあるかもしれないし、とんでもない上司や部下に囲まれるかもしれない。

学生時代のクラス替えがそうだったように、待っていれば変わることが見えているなら賢くやり過ごせばいい。でも、クラス替えが期待できないなら、あるいはどのクラスも学級崩壊しているのなら、自分で「学校」を替えるしかないのかもしれない。

どうにもならない時は、無理せず逃げるが勝ちだ。

そういう転職だって、自分の心身の健康と家族を守るという意味では、短期的な入金力の話なんか比べ物にならないくらい大事だ。

お金の話ばかりしてきた僕だけど、これは本当にそう。生活の幸せがあってこそのお金だから。

「仕事が楽しいこと」は追求してほしいけど、人生の基盤である生活が楽しくないのはマズい。今までのお金の話はすべて、自分と家族の生活が楽しくあり続けるためのものなんだから。

右肩上がりの市場に居続けろ——Stay Invested

「途中のリスク」と**「最後のリスク」**の話は覚えているだろうか。

投資の教科書では「リスク」を一般にリターンのバラつきであると定義し、標準偏差という数字で表現する。「ボラティリティ」という言い方もするけど、要は上にも下にも値段が動く、その大きさのことね。

でも、普通の人にとってのリスクは元本割れに決まっている。「投資の世界では上がるのもリスクなのです」みたいなことを言う投資教育コンテンツもあるけど、リスクは損することに決まってる。

ただ、もう少し考えを深めて、リスクを2つに分ける考え方を勧めたのを覚えているだろうか。

必要な時に必要なだけ増えていない可能性である**「最後のリスク」**と、その最後に至るまでの過程での上下の**「途中のリスク」**に分けるっていう話をした。

そして「途中のリスク」、つまり上がったり下がったりっていう、さっき言ったボラティリティは、**真のリスク**ではないのだから無視すれば良いと言った。

真のリスクとは、「途中のリスク」を怖がってアクションしなかったり、ビビッて途中でやめちゃったりの結果、「**ハンドル握った」になれないまま歳をとってしまうこと**だとした。

だから「途中」のアレコレは自分には関係のない「**ノイズ**」だと無視を決め込み、最後だけにフォーカスしようとね。

最近読んだ本に「**ボラティリティは入場料**」だという表現があったけど、その通りだと思う。

入場料を払って株式などのマーケットに入らない限り、「資本市場を賢く人生設計に使ってやる」というこのゲームに参加できない。

途中での上がったり下がったりはストレスだけど、それは入場料、というか参加費だ。払うしかない。

ボラティリティを使った売買、つまり上がったり下がったりで短期的な売買をする人もいる。

でも、そもそも**僕らとは違うゲームをしている人たち**なんだから、その人たちの行動やその人たち向けの情報に振り回されてはいけない。

耳に入ってくる情報のほとんどは、そのゲームのための情報ばかりだという話もしたね。

あと、僕の33歳からの積立の話、覚えてるよね。

あの話のポイントってさ、**「積立の最中は、下がっても嬉しいと思え」**ってことだったよね。

下がると低い基準価額でたくさんの口数をため込めるから、あとで上がった時にターボがかかったようにグワっと花開くんだってね。

あらためて考えると、僕らって物やサービスを安く買えることは喜ぶのに、なぜ投資では安く買えることを喜べないんだろう。

下がったら不安になってやめたくなったりするんだけど、本当は安く買えていることを喜ばなくちゃいけないんだよね。特に積立で「仕込んでいる」僕やこれからの君たちはまさにそう。

もちろん、下がっても喜べないのは「このままずっと下がっていくんじゃないか」と心配になるからだよね。仕方ないよね。先が見えないなか下がっていくのを見るのは確かにしんどい。

でも安心すべし。

そう「**経済は右肩上がり**」だからだ。「**人の欲がある限り経済は右肩上がり**」だという話をしたのを覚えているよね。

経済、厳密に言えば経済をかたち作っている企業の成長は右肩上がりだ。

僕ら人間には欲があり、もっといいモノやサービスが欲しく、お金を使う。それに応えようとする企業は競争しながら成長していく。残念ながら競争に負ける企業もあって消えてしまう企業もあるけど、その**新陳代謝**こそが経済を右肩上がりにする。

このグラフは先進国の主要企業の株価を平均した指数の40年近い推移だけど、どう思うだろうか。

起点と終点の2時点の変化、つまり前に話した「**今÷前−1**」のリターンを、これもあの時に話したルート（√）

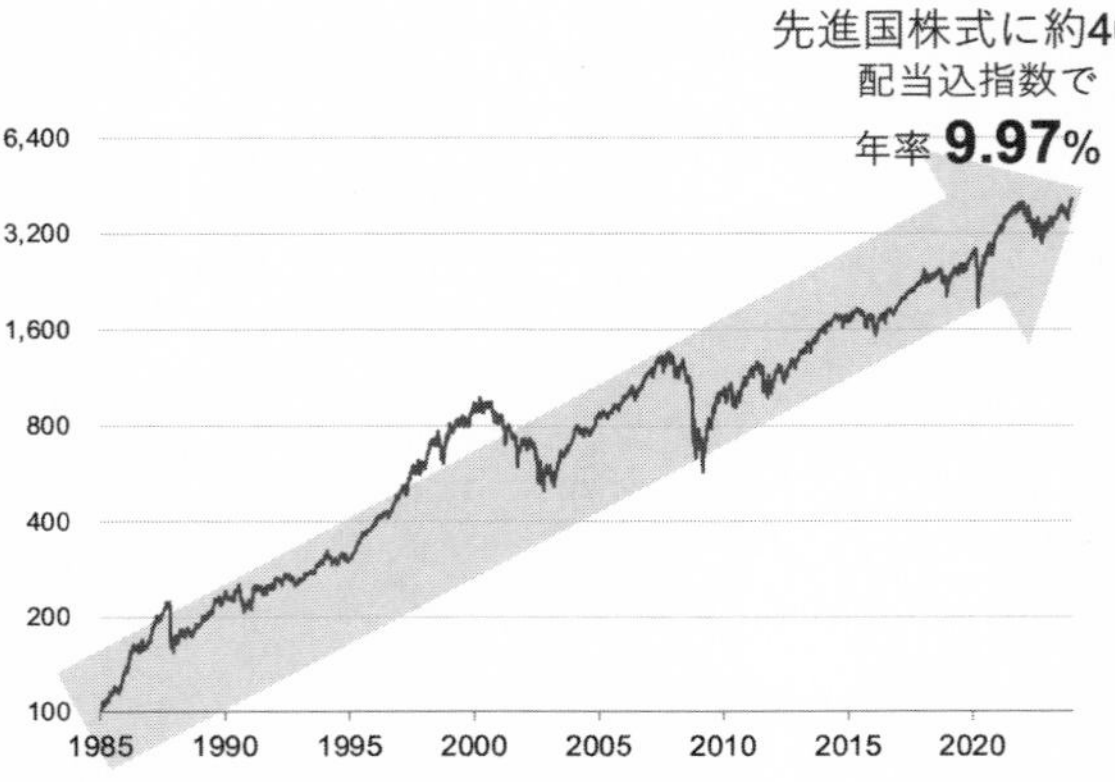

期間：1985/1/1～2023/12/29　**グラフ起点を**100**として指数化した対数グラフ、先進国株式**：MSCI Kokusai Index

を使った複利換算で年率化したのが年9・97％だと書いてある。

僕はこれを見て、**「損する方が難しいわ。こんなに右肩上がりなんだから」**と思った。

でも同時に、**たくさんの人が損ばかりしてきた**ことを僕は知っている。

おわかりの通り、2時点を比較して均したものが年9・97％だとしても、毎年9・97％で一定のはずはなく、ITバブルの2000年前後やリーマン・ショックの2008年前後のように半分になってしまうような時期もあったし、2割3割の下落なら数えられないくらいにあった。

そうした試練の時期に、もっと損するのが怖くなったり、元本割れの状態が続くのに耐えられなくて売却してしまう人はとても、とても多い。

でもその人は、売ったあとに上がってきた時にはムズムズしてきて、自分が売った値段より高い値段で再び買うという、とても残念な人になってしまうんだよ。

そして、さらにそこから少し上がると今度は、「この前みたいに下がる前に」とばかり、ほんの少しの利益を確定させようとまた売ってしまう。

でも売ったお金で何かしたいわけではないから、売ったあとに一向に下がらない株価にしびれを切らして、売った時よりも高い値段でまた買ってしまう——。

僕は社会人になって10年間、証券営業マンとしてそういうお客さんをたくさん見てきた。今、ネットの声を観察している限り、あまり変わっていない気がする。もしかしたら、そういう人は以前より増えているかもしれない。スマホのワンタップで、ほとんどコストなく売買ができてしまうんだから、油断するとそうなりがちだよね。「もうわかってるよ」と言われそうだけど、そういう人になってはダメ。

ウチの会社がずっと使ってきた言葉だけ言わせて。それは、**とにかく長く「市場に居続けよう——Stay Invested」**。

英語の部分は僕が考えたものじゃなくて、似たことを海外でも言われてないかなと調べた時に見つけたフレーズだけど、「投資し続けろ」って意味だと思う。**「人生のハンドルを握る大人家族になる」**という、イメージワードではあるが強い目的意識のもと、今見てきたような過去の歴史が教えてくれる事実をベースにした**「意志ある楽観主義」**のもと**Stay Invested**を、ってことね。

図太く——Think Big

とはいえ、何年もかけて得た利益が日に日になくなっていくのを見る気持ちは、そんな綺麗な話では済まないくらい辛いってことは言っておかないといけない。

さっきも言ったけど、スマホで損益状況がすぐに確認できるから、上がっている時なんかは嬉しくてつい毎日見ちゃう。売るつもりはなくても、つい見てニヤニヤしちゃうわけ。下がったら下がったで、心配で毎日見ちゃう。すると、プラスだった金額が見る度に減っていくのがわかってしまう。

僕の2008年がそうだった。リーマン・ショックね。

2000年に始めた積立が8年経って、そこそこ大きな元本とプラスの状態にあったのが、見る見るうちにマイナス圏に入り、35％を超えるような大きなマイナスになり、そこから4年以上浮上しなかったのは前に話した通り。

でも僕は既にこの仕事をしていて、「今やめるべきではない」というコンテンツを作ったり発信したりしていたので、自分自身が洗脳されて持ちこたえられたんだと思う。

その後、僕はずいぶんと図太くなった。

2016年6月にブレグジット（英国のEU離脱）が決定された日、有給を取ってお母さんと近所でランチしていたんだけど、世界で最初に市場が開く日本で1日で8％も下がったのを見て、今後しばらく世界の株は下がるだろうと思い、預金に残っていたお金で投資信託の買い注文を入れた。
2020年のコロナ・ショックの時には、手元にお金がなかったので「買えなくて残念だ！」と言いながら、大きなマイナスが表示されたスマホの画面を記念にスクショするくらいに図太くなっていた。

どうか君たちにも図太くなってほしい。

英語で格好つけたいわけじゃないんだけど、ウチの会社は**Think Big**というフレーズも使ってる。**「大きく考えよう」**ってことだね。

ぜひさっき見せた約40年のグラフを思い出してほしい。

確かに2割3割下がっている時には「この世の終わり」な気がしているんだけど、ああして俯瞰で見てみれば、まあそれも小さな凹みに見えるくらいに右肩上がりなんだよ。「損する方が難しいよな」って感じるくらいにね。

人の行く裏に道あり――Think different

昔から相場格言っていうのがあってね、僕は好きではないし、信じてもいないんだけど、**「人の行く裏に道あり、花の山」**については、時代を問わない真理なんだろうなと思ってる。

皆と同じことをしていると大きな成功はない。むしろ人とは反対の道を進む方が、花が満開の山に到達できるという意味だと思う。

最後の方で**インデックス投資の留意点とイノベーション投資の可能性の話**をしたじゃない。実は今、ああいうことを正面切って言うのが憚られるような雰囲気があるんだよね。S&P500か全世界株式（オール・カントリー）指数のインデックスファンドに積立することだけが「正解」で、それ以外は邪道であるかのような雰囲気がある。

でも、いつだってそうだけど、投資の世界に唯一の正解なんてない。くどいけど、そもそも「運」に左右されてしまう世界でもある。

さらには、皆が皆で同じことを考えて、お金がひとつの分野や少数の銘柄に集中すると、株式などの価格は「割高」になりがちだ。買う価格が割高になればなるほど、将来に得られるリターンは低くなるわけだから、それはマズいこと。

言っておくけど、別に僕はインデックス投資を否定して、イノベーション投資だけを薦めたいわけではないからね。

ただ、過度な人気の集中は投資の世界では決していいことではなくて、逆に警戒するくらいの感覚を持った方がいいという話をしている。

イノベーション投資のエリアだって、数年前には皆が殺到して、関連銘柄がひどく割高になったことがあったしね。

だからあくまでフラットに、自分なりの大きな視点、Think Bigのスタンスで考えてみてほしいと思う。

人と同じことをするだけでいいのだろうか――といった、健全なアマノジャク精神でうまいバランスを見つけられたらいいと思う。

娘はよく知っているように、僕はずっとアップル製品のファンなんだけど、スティーブ・ジョブズが昔やったマーケティングキャンペーンのフレーズである**Think different**が好きなんだよね。固定観念を疑え。物の見方を変えてみよう――ってね。

資産運用には2人で取り組み、2人で忘れて人生を楽しむべし

長いこと付き合ってくれてありがとう。いよいよ終わりです。

僕が30年以上にわたり、会社は替われどずっと同じことについて考えてきたことを、取りとめもなく喋ってきたと思う。

最近になって市民権を得てきた投資信託や投信積立だけど、やっぱり難解なんだよね。

もちろん専門用語もたくさんで難しいんだけど、何より投資信託って、ある意味「**品質の決まっていない商品**」だから難しいんだと思う。

シャンプーはどう考えたってシャンプーとして使われるから、メーカーはいいもの作って、効果的な宣伝をすればいいんだと思うけど、投資信託は買う瞬間にはリターンという品質は決まってないわけじゃない。

そして、使う人によっては、我々「メーカー」の想いとは違った使い方をされてしまうこともある。

そうした「使い方」が難しい投資信託を「正しく使ってもらいたい」とずっと思ってきた。

でも価格変動がマストで、それは大事なお金の損得に直結するから簡単なことじゃないんだよね。

だからこそ、**時間が経っても古くならない知識と考え方**を「背骨」として持ってほしいと思って話してきた。

ぜひ、2人一緒にオープンに、仲良く取り組んでほしい。

投資オタク的とかポイ活的な世界には行かないクールな距離感が勝ちだと思う。

お金のことを気にするのはせいぜい年末に一度くらいにして、あとは生活を楽しんでほしい。

見栄をうまく制御し、でもメリハリをつけて、心豊かな生活を2人で過ごしてほしい。

最後に「資産運用のやめ方」の話をしておこうか。

一部では、まだまだずっと先なのにもかかわらず、将来取り崩す場合には毎月同じ金額がいいのか、それともその時々の評価額の一定比率の金額にした方がいいのか、何パーセントの引出しなら元本が減らないのか——みたいな通称「出口戦略」がちょっとした話題なんだけど、君たちは気にしなくていい。

やっぱり、「出口」なんて気にならないくらいに増やしてやるぜ。出口で「何とかショック」があっても大丈夫なくらいまで増やしておくぜ——って威勢よく思っていればいいんじゃないだろうか。

そのうち僕みたいな年齢になったら、嫌でも考えることになるんだから。

一方で、前にも少し話したけど、「ハンドルを握った大人家族になる」という目標が達成されたと思ったら、さっさと撤退したらいいんじゃないだろうか。

そして、その時々で自分たちが大切だと思うことにお金を使っていけばいい。自分たちで「人生を運転する」ために使えばいいんだよ。

僕らはスマホに映る評価益を眺めて喜ぶために資産運用してるんじゃないんだから。

ちなみに、もし何かにお金が必要になり、手元の預貯金だけでは足りないとなった場合には、躊躇なく投資信託の「一部解約」をしたっていいんだからね。

できるだけたくさんの金額を「市場に居る」状態に放置しておくことは大事っちゃ大事なんだけど、使うためにこそ頑張って運用してきたお金なんだから、それが選ぶべき人生の選択肢なんだったら、迷わず売って使うべき。

僕も8年ほど前に、今のマンションの頭金を作るために一部解約した。

その時に含み益か含み損かなんて気にする必要はなくて、今、自分の人生のステージにこのマンションが必要なんだと考え、そのために有意義に使うことにした。

投資信託を買う時は1万円とかじゃなくて「本気の積立」にしろって言ったけど、売る時には1万円からでも売れるのが投資信託のいいところ。必要な分だけを解約すればよし。

ただし、必要だからと売る場合でも全部解約をしないことが大事。必ず「市場に居る」お金を残しておく。

そして「本気の積立」もやめずに続け、できれば「入金力」を高めて増額もし、ボーナスなんかも利用してどんどんと「市場に居続ける」お金が大きくなるよう、投入していく。必要なら躊躇なく売って使うけど、一方では決してやめずに続けていく。増やしていくと。

さてさて、以上で本当に終わりです。

きっとわかってくれていると思うけど、資産運用について考えるってことは、自分の人生に「前を向いて」取り組むことだ。

これからの君たちの前を向いた資産運用と、それが叶える素晴らしい未来を考えると、まるで自分のことのようにワクワクする。頑張って。

あ、でも僕らもまだまだやめずに続けていきますんで。一緒に、頑張りましょう。

おわりに

本書の企画は2023年10月のある日、私が勤務する日興アセットマネジメントのコールセンターに入った一本の電話から始まりました。

コールセンターの担当者から「出版社の方から、楽天証券のウェブサイトに連載中の『2人の娘とその夫に送る資産形成の黄金律』を書籍化したいという連絡がありました」という報告メールを見た私は、きっと企業側が費用を負担して出版する自費出版の提案だろうと思っていました。

しかしその後、連絡をいただいた編集者からは、彼がたまたま見つけた楽天証券での連載を読んで世に出したいと思ってくれた出版企画であり、同社新書にはレオス・キャピタルワークス（ひふみ投信）の藤野英人社長が書かれた『投資家が「お金」よりも大切にしていること』というロングセラーがあることも教えてくれました。

私は社長ではなくマーケティング担当のいち社員ですが、それでも編集者は「ウェブにはウェブに合った良い情報もあるが、書籍には読んだ人の人生を変える力がある。昔読んだあの本が自分の価値観に影響を与えたな、と思う本が私にも何冊かある。この『2人の娘とその夫に送る資産形成の黄金律』は、今の若い人のそれになる可能性があり、20年後にも読まれている投資信託と資産形成リテラシーを記した書籍になると私は思う」と言ってくれ、書籍化に向けた作業を始める決断をしました。

今、書店では新NISA関連の書籍が目白押しです。株式市場が好調なこともあり、「乗り遅れたくない」「やらないと損」といったムードが背景にあるのでしょう。

本書が果たして20年後にも読まれる価値があるかどうか私にはわかりませんが、NISAであってもなくても、今年でなくとも10年後でも変わらない大事なことを一冊に閉じ込めたつもりです。

1年半にわたり毎月楽天証券に提供してきたコラムを書籍化するにあたっては、楽天証券の皆さまはもちろん、日興アセットの松井真理子法務部長はじめ社内外の方々が調整してくれ、また上司であり社長であるステファニー・ドゥルーズが快く応援してくれました。ここに感謝の意を表します。

書籍にも載せた可愛いイラストを、コラム連載の1年半以上にわたって描いてくれた同僚の大津まどかさんにも深く感謝します。毎話につき2点から4点のイラストを、私の文意を汲み取って描いてくれた大津さんは、当社マーケティング部で動画制作やビジュアルクリエイティブを担当していますが、趣味のイラストが玄人はだしなので、楽天証券のコラム連載の1回目から参加をお願いしてきました。書籍化にあたり、紙面の制約ですべてを掲載できなかったのが残念です。

最後に、星海社の岡村邦寛氏に感謝します。私のコラムを見付けていただいたことはもちろん、娘に語りかけるというフォーマットだとしても相当にくだけた私の文章に対し、ほとんど筆を入れさせることなく出版してくださったことに、あらためてお礼を申し上げます。

今福啓之

投資《とうし》信託《しんたく》業界歴《ぎょうかいれき》30年《ねん》の父親《ちちおや》が娘《むすめ》とその夫《おっと》に伝《つた》える資産形成《しさんけいせい》の本音《ほんね》の話《はなし》

二〇二四年 四月二二日 第一刷発行

著者 今福啓之《いまふくひろゆき》

発行者 太田克史《おおたかつし》
編集担当 岡村邦寛《おかむらくにひろ》

発行所 株式会社星海社
〒一一二-〇〇一三
東京都文京区音羽一-一七-一四 音羽YKビル四階
電話 〇三-六九〇二-一七三〇
FAX 〇三-六九〇二-一七三一
https://www.seikaisha.co.jp

発売元 株式会社講談社
〒一一二-八〇〇一
東京都文京区音羽二-一二-二一
（販売）〇三-五三九五-五八一七
（業務）〇三-五三九五-三六一五

印刷所 TOPPAN株式会社
製本所 株式会社国宝社

アートディレクター 吉岡秀典《よしおかひでのり》（セプテンバーカウボーイ）
デザイナー 鯉沼恵一《こいぬまけいいち》（ピュープ）
フォントディレクター 紺野慎一《こんのしんいち》
イラスト 大津《おおつ》まどか（日興アセットマネジメント）
校閲 鷗来堂《おうらいどう》

ISBN978-4-06-535472-8
Printed in Japan

290
SEIKAISHA SHINSHO

次世代による次世代のための

武器としての教養
星海社新書

星海社新書は、困難な時代にあっても前向きに自分の人生を切り開いていこうとする次世代の人間に向けて、ここに創刊いたします。本の力を思いきり信じて、みなさんと一緒に新しい時代の新しい価値観を創っていきたい。若い力で、世界を変えていきたいのです。

本には、その力があります。読者であるあなたが、そこから何かを読み取り、それを自らの血肉にすることができれば、一冊の本の存在によって、あなたの人生は一瞬にして変わってしまうでしょう。思考が変われば行動が変わり、行動が変われば生き方が変わります。著者をはじめ、本作りに関わる多くの人の想いがそのまま形となった、文化的遺伝子としての本には、大げさではなく、それだけの力が宿っていると思うのです。

沈下していく地盤の上で、他のみんなと一緒に身動きが取れないまま、大きな穴へと落ちていくのか？　それとも、重力に逆らって立ち上がり、前を向いて最前線で戦っていくことを選ぶのか？

星海社新書の目的は、戦うことを選んだ次世代の仲間たちに「武器としての教養」をくばることです。知的好奇心を満たすだけでなく、自らの力で未来を切り開いていくための〝武器〟としても使える知のかたちを、シリーズとしてまとめていきたいと思います。

2011年9月

星海社新書初代編集長　柿内芳文

SEIKAISHA SHINSHO